SCHMITT 1967

SYNONYMES
FRANÇAIS.

SYNONYMES FRANÇAIS,

Par DIDEROT, D'ALEMBERT,
et de JAUCOURT,

Suivis d'une Table alphabétique, dans laquelle on trouve les renvois des différentes significations qui conviennent à chaque synonyme.

A PARIS,

Chez FAVRE, Libraire, Palais - Égalité, Galeries de bois, N°. 220, aux neuf Muses; ou à son Magasin, rue Traversière-Honoré, N°. 845, vis-à-vis celle Langlade.

AN IX.

AVIS
DE L'ÉDITEUR.

Cette science de la synonymie, qui nous donne des notions claires sur toutes les idées comprises dans la signification de chaque mot, est nécessaire à ceux qui se consacrent à l'étude des belles-lettres et des arts. Ils doivent, pour perfectionner leur goût, et rendre leur élocution pure et exacte, examiner, peser, définir chaque terme de la langue, déterminer leur sens précis, et discerner dans leur signification l'idée principale, et les idées accessoires.

Sans cette science, tout devient, dans le langage, le style et l'élocution, désordre, obscurité et erreur. L'ignorance des mots tient à l'ignorance des choses mêmes; la parole incertaine et trompeuse produit la confusion et les faux jugemens. La pensée marche sans règle, et la vérité n'éclaire pas. Cependant cette science de la synonymie a ses principes fixes et ses bornes; en nous donnant l'étymologie et le sens précis des mots, elle ne veut point que l'écrivain s'attache à des minuties grammaticales, qui ne sont propres qu'à fatiguer la mémoire, sans éclairer l'esprit.

Tous les bons écrivains de l'antiquité ont reconnu la nécessité et les avantages de la science de la synonymie. Cicéron, Varron, Quintilien, Senèque, le philosophe Asconius, Festus, Nonius, Marcellus, ont fait des observations très-fines et très-justes, et ont donné des préceptes.

Parmi les synonymistes modernes, on distingue l'abbé Girard, Beauzée, Roubaud. Le premier, supérieur aux deux autres, nous a donné, sur les synonymes, un ouvrage précieux, qui subsistera, dit Voltaire, autant que la langue, et servira même à la faire subsister. Mais qu'il nous soit permis d'observer qu'on apperçoit quelquefois des distinctions métaphysiques qui occupent trop l'esprit; et que ce n'est qu'après quelques efforts lents et pénibles, qu'on sent la différence des termes synonymes. Nous rendons hommage aux talens et aux bonnes intentions de Beauzée et de Roubaud : mais le premier ne nous paroît qu'un bon grammairien ; et le second a surchargé son ouvrage des faits historiques, des dissertations étrangères et des étymologies qui nuisent à la précision et à la clarté des synonymes. Il a voulu réunir l'histoire des mœurs à l'explication de la langue. Cette marche, longue et détournée, fait perdre de vue l'objet principal qu'il traite ; et on s'occupe plutôt de l'intérêt qu'inspirent les faits historiques, que de la signification des termes et de leurs différences.

Nous ne ferons point l'éloge des Synonymes que nous publions ; il suffit d'en connoître les auteurs. Diderot, d'Alembert et de Jaucourt, tiennent le sceptre de la littérature, et occupent le premier rang dans l'empire des sciences et des arts; philosophes sublimes, dialecticiens profonds, grammairiens savans, ils ont enrichi la langue française, aggrandi le domaine des connoissances humaines, et ont élevé aux sciences et aux arts, un monument immortel. C'est dans l'Encyclopédie qu'on lit les Synonymes que nous publions aujourd'hui. Comme plusieurs de ceux qui se consacrent à l'étude des belles-lettres, n'ont ni les moyens, ni les ressources de se procurer cet ouvrage immense, nous avons cru rendre un service signalé à la littérature, en donnant les Synonymes, dont Diderot, d'Alembert et de Jaucourt ont embelli l'Encyclopédie. Ces écrivains supérieurs ont déployé leur génie et leur sagacité, et ont contribué à la perfection de la langue : ils ont créé de nouvelles richesses et répandu de nouvelles lumières : ils ont établi les différentes significations de termes, et les ont justifiées et soutenues par des applications justes et heureuses. Cet ouvrage si précieux deviendra classique, puisqu'il renferme une source abondante d'instruction, et qu'il retrace avec clarté et avec précision tous les traits sensibles et distinctifs des mots qui sont des signes expressifs et naturel des choses.

SYNONYMES

SYNONIMES FRANÇAIS,

Par DIDEROT, D'ALEMBERT, et DE JEAUCOURT.

ABOMINABLE, DÉTESTABLE, EXÉCRABLE, *Synonimes.*

L'Idée primitive et positive de ces mots est une qualification de mauvais au suprême dégré. Aussi ne sont-ils susceptibles ni d'augmentation, ni de comparaison, si ce n'est dans le seul cas où l'on veut donner au sujet qualifié le premier rang entre ceux à qui ce même genre de qualification pourroit convenir; ainsi l'on dit *la plus abominable de toutes les débauches*; mais on ne diroit guère *une débauche très-abominable*, ni *plus abominable qu'un autre*. Exprimant par eux-mêmes tout ce qu'il y a de plus fort, ils excluent toutes les modifications dont on peut accompagner la plupart des autres épithètes : voilà en quoi ils sont synonimes.

Leur différence consiste en ce qu'*abominable* paroît avoir un rapport plus particulier aux mœurs, *détestable* au goût, et *exécrable* à la conformation. Le premier marque une sale corruption, le second de la dépravation, et le dernier une extrême difformité. Ceux qui passent d'une dévotion superstitieuse au libertitinage, s'y plongent ordinairement dans ce qu'il y a de plus *abominable*. Tels mets sont aujourd'hui traités de *détestables*, qui faisoient chez nos pères l'honneur des meilleurs repas. Les richesses embellissent, aux yeux d'un homme intéressé, la plus *exécrable* de toutes les créatures.

ABSOLUTION, PARDON, RÉMISSION

Le *pardon* est en conséquence de l'offense, et regarde principalement la personne qui l'a faite ; il dépend de celle qui est offensée, et il produit la réconciliation quand il est sincèrement accordé et sincèrement demandé.

La *rémission* est en conséquence du crime, et a un rapport particulier à la peine dont il mérite d'être puni ; elle est accordée par le prince, ou par le magistrat, et elle arrête l'exécution de la justice.

L'*absolution* est en conséqnence de la faute, ou du péché, et concerne l'état du coupable : elle est prononcée par le juge civil, ou par le ministre ecclésiastique, et elle rétablit l'accusé, ou le pénitent, dans les droits de l'innocence.

ABSORBER, ENGLOUTIR.

Absorber, engloutir, synonimes. *Absorber* exprime une action générale, à la vérité, mais successive, qui en ne commençant que sur une partie du sujet, continue ensuite, et s'étend sur le tout ; mais *engloutir* marque une action dont l'effet général est rapide, et saisit le tout à la fois, sans le détailler par parties.

Le premier a un rapport particulier à la consommation et à la destruction. Le second dit proprement quelque chose qui enveloppe, emporte et fait disparoître tout d'un coup ; ainsi le feu absorbe, pour ainsi-dire, mais l'eau engloutit. C'est selon cette même analogie qu'on dit dans un sens figuré, être *absorbé* en Dieu, ou dans la contemplation de quelque objet, lorsqu'on s'y livre dans toute l'étendue de sa pensée, sans se permettre la moindre distraction. Je ne vois pas qu'*engloutir* soit d'usage au figuré.

ACADÉMICIEN, ACADÉMISTE.

Ils sont l'un et l'autre membres d'une société qui porte le nom d'académie, et qui a pour objet, des matières qui demandent de l'étude et de l'application ; mais les sciences et le bel esprit font le partage de l'*académicien*, et les exercices du corps occupent l'*académiste* : l'un travaille et compose des ouvrages pour l'avancement et la perfection de la littérature, l'autre exerce des talens purement personnels.

ADORER, HONORER, RÉVÉRER.

Ces trois verbes s'emploient également pour le culte de religion et pour le culte civil. Dans le culte de religion, on *adore* Dieu, on *honore* les saints, on *révère* les reliques et les images; dans le culte civil, on *adore* une maîtresse, on *honore* les honnêtes gens, on *révère* les personnes illustres et celles d'un mérite distingué. En fait de religion, *adorer*, c'est rendre à l'Être-suprême un culte de dépendance et d'obéissance; *honorer*, c'est rendre aux êtres subalternes, mais spirituels, un culte d'invocation; *révérer*, c'est rendre un culte extérieur de respect et de soin à des êtres matériels, en mémoire des êtres spirituels auxquels ils ont appartenu.

Dans le style profane, on *adore* en se dévouant entièrement au service de ce qu'on aime, et en admirant jusques dans ses défauts; on *honore* par les attentions, les égards, et les politesses; on *révère* en donnant des marques d'une haute estime, et d'une considération au-dessus du commun.

La manière d'*adorer* le vrai Dieu ne doit jamais s'écarter de la raison, parce que Dieu est l'auteur de la raison, et qu'il a voulu qu'on s'en servît même dans les jugemens de ce qu'il convient de faire, ou ne pas faire à son égard. On n'*honoroit* peut-être pas les saints, ni on ne *révéroit* peut-être pas leurs images et leurs reliques dans les premiers siècles de l'église, comme on a fait depuis, par l'aversion qu'on portoit à l'idôlatrie, et la circonspection qu'on avoit sur un culte, dont le précepte n'étoit pas assez formel.

La beauté ne se fait *adorer* que quand elle est soutenue des graces; ce culte ne peut jamais être justifié, parce que le caprice et l'injustice sont très-souvent les compagnes de la beauté.

AFFABLE, HONNÊTE, CIVIL, POLI, GRACIEUX.

Les manières *affables* sont une insinuation de bienveillance ; les *honnêtes* sont une marque d'attention ; les *civiles* sont un témoignage de respect ; les *polies* une démonstration d'estime ; les *gracieuses* sont une preuve d'humanité. Nous sommes *affables* par un abord doux et facile à nos inférieurs, quand ils ont à nous parler ; nous sommes *honnêtes* par l'observation des bienséances et des usages de la société ; nous sommes *civils* par les honneurs que nous rendons à ceux qui se trouvent à notre rencontre ; nous sommes *polis* par les façons flatteuses que nous avons dans la conversation, et dans la conduite pour les personnes avec qui nous vivons ; nous sommes *gracieux* par des airs prévenans pour ceux qui s'adressent à nous.

AFFECTATION, AFFETERIE.

Elles appartiennent toutes les deux à la manière extérieure de se comporter, et consistent également dans l'éloignement du naturel, avec cette différence que l'*affectation* a pour objet les pensées, les sentimens, le goût dont on fait preuve, et que l'*affeterie* ne regarde que les petites manières par lesquelles on croit plaire.

L'*affectation* est souvent contraire à la sincérité, alors elle tend à décevoir ; et quand elle n'est pas hors de la vérité, elle déplaît encore par la trop grande attention à faire paroître ou remarquer cet avantage. L'*affeterie* est toujours opposée au simple et au naïf ; elle a quelque chose de recherché, qui déplaît surtout aux partisans de la franchise ; on la passe plus aisément aux femmes qu'aux hommes. On tombe dans l'*affectation* en courant après l'esprit, et dans l'*affeterie* en affectant des graces. L'*affectation* et l'*affeterie* sont deux défauts que certains caractères bien tournés ne peuvent jamais prendre, et que ceux qui les ont pris ne peuvent jamais perdre : la singularité et l'*affectation* se font également remarquer ; mais il y a cette différence entr'elles, qu'on contracte celle-ci, et qu'on naît avec l'autre ; il n'y a guère de petits-maîtres sans *affectation*, et de petites maîtresses sans *affeterie*.

AFFECTIF, AFFECTEUX.

Affectif signifie à-peu-près qu'*affecteux*, et ne s'emploie qu'en parlant des choses pieuses. Une prière, une dévotion *affective*. On dit un prédicateur pathétique et *affecteux*, un discours *affecteux*.

AFFLICTION, CHAGRIN, PEINE.

L'*affliction* est au *chagrin*, ce que l'habitude est à l'acte. La mort d'un père nous *afflige*, la perte d'un procès nous donne du *chagrin*, le malheur d'une personne de connoissance nous donne de la *peine* ; l'*affliction* abat ; le *chagrin* donne de l'humeur ; la *peine* attriste pour un moment ; l'*affliction* est cet état de tristesse et d'abbatement où nous jette un grand accident, et dans lequel la mémoire de cet accident nous entretient. Les *affligés* ont besoin d'amis qui les consolent en s'affligeant avec eux ; les personnes chagrines, de personnes gaies, qui leur donnent des distractions ; et ceux qui ont une *peine*, d'une occupation, quelle qu'elle soit, qui détourne leurs yeux de ce qui les attriste, sur un autre objet.

AFFLIGÉ, FACHÉ.

On est *affligé* de ce qui est triste, on est *fâché* de ce qui déplaît. Quoique *fâché* avec raison de vos procédés à mon égard, je suis *affligé* du malheur qui vous est arrivé. *Fâché* dit moins qu'*affligé*. Je suis *fâché* d'avoir perdu mon chien, et *affligé* de la mort de mon ami.

AIR, MANIÈRE.

L'*air* semble être né avec nous, il frappe à la première vue ; les *manières* sont d'éducation ; on plaît par l'*air*, on se distingue par les *manières* ; l'*air* prévient, les *manières* engagent ; tel vous déplaît et éloigne par son *air*, qui vous retient et vous charme ensuite par ses *manières* ; on se donne un *air*,
on

on affecte des *manières* ; on ne peut être un fat, sans savoir se donner un *air* et affecter des *manières*, pas même, peut-être, un bon comédien ; si l'on ne sait composer son *air* et étudier ses *manières*, on est un mauvais courtisan, et l'on doit s'éloigner de tous les états, où l'on est obligé de paroître différent de ce qu'on est.

ALARME, TERREUR, EFFROI, FRAYEUR, ÉPOUVANTE, CRAINTE, PEUR, APPRÉHENSION.

Termes qui désignent bien des mouvemens de l'ame, occasionnés par l'apparence ou par la vue du danger. L'*alarme* naît de l'approche inattendue d'un danger apparent ou réel, qu'on croyoit d'abord éloigné. On dit : *l'alarme se répandit dans le camp ; remettez-vous, c'est une fausse alarme.*

La *terreur* naît de la présence d'un évènement ou d'un phénomène, que nous regardons comme le pronostic et l'avant-coureur d'une grande catastrophe. La *terreur* suppose une vue moins distincte de danger que l'*alarme*, et laisse plus de jeu à l'imagination, dont le prestige ordinaire est de grossir les objets ; aussi l'*alarme* fait-elle courir à la défense, et la *terreur* fait-elle jetter les armes : l'*alarme* semble encore plus intime que la *terreur* ; les cris nous *alarment*, les spectacles nous impriment de la *terreur* ; on porte la *terreur* dans l'esprit, et l'*alarme* au cœur.

L'*effroi* et la *terreur* naissent l'un de l'autre d'un grand danger, mais la *terreur* peut être panique, et l'*effroi* ne l'est jamais. Il semble que l'*effroi* soit dans les organes, et que la *terreur* soit dans l'ame; la *terreur* a saisi les esprits, les sens sont glacés d'*effroi*; un prodige répand la *terreur*, la tempête glace d'*effroi*.

La frayeur naît ordinairement dans le danger apparent et subit. *Vous m'avez fait frayeur.* Mais on peut être *alarmé* sur le compte d'un autre, et la *frayeur* nous regarde toujours en personne. Si l'on dit à quelqu'un : *le danger que vous alliez courir m'effrayoit*, on s'est mis alors à sa place; *vous m'avez éffrayé, et vous m'avez fait peur*, sont quelquefois des expressions bien différentes; la première, peut s'entendre du *danger* que vous avez couru; et la seconde, du danger auquel je me suis exposé. La *frayeur* suppose un danger plus subit que l'*effroi*, plus voisin que l'*alarme*, moins grand que la *terreur*.

L'*épouvante* a son idée particulière; elle est née, je crois, de la vue des difficultés à surmonter pour réussir, et de la vue des suites terribles d'un mauvais succès. *Son entreprise m'épouvante, je crains son abord, et son arrivée me tient en appréhension.* On craint un homme méchant, on a peur d'une bête farouche; il faut craindre Dieu, mais il ne faut pas en avoir *peur*.

L'*effroi* naît de ce qu'on voit, la *terreur* de ce qu'on imagine, l'*alarme* de ce qu'on apprend, la *crainte* de ce qu'on sait, l'*épouvante* de ce qu'on présume, la *peur* de l'opinion qu'on a, et l'*appréhension* de ce qu'on attend.

La présence subite de l'ennemi donne l'*alarme*, la vue du combat cause l'*effroi*, l'égalité des armes tient dans l'*appréhension*, la perte de la bataille répand la *terreur*, ses suites jettent l'*épouvante* parmi les peuples et dans les provinces; chacun *craint* pour soi, la vue d'un soldat fait *frayeur*, on a *peur* de son ombre.

AMANT, AMOUREUX.

Il suffit d'aimer pour être amoureux, il faut témoigner qu'on aime pour être *amant*; on est *amoureux* de celle dont la beauté touche le cœur; on est *amant* de celle dont on attend du retour; on est souvent *amoureux* sans oser paroître *amant*, et quelquefois on se déclare *amant* sans être *amoureux*.

AMÉNUISIER, ALLÉGIR, AIGUISER.

Termes communs à presque tous les arts mécaniques; *amenuisier*, se dit communément de toutes les parties d'un corps qu'on diminue de volume. *Amenuiser* une planche, c'est lui ôter partout de son épaisseur ; il ne diffère d'*allégir* en cette occasion, qu'en ce qu'*allégir* se dit de grosses pièces comme de petites, et qu'*aménuiser* ne se dit guère que de ces dernières. On n'*amenuise* pas un arbre, mais on l'*allégit* ; on ne l'*aiguise* pas non plus, on n'*aiguise* qu'une épingle, ou un bâton ; *aiguiser* ne se dit que des bords, ou du bout ; des bords, quand on les met à tranchant sur une meule, de bout quand on le rend aigu à la lime, ou au marteau. *Aiguiser* ne se peut jamais prendre pour *allégir* ; mais *amenuisier* et *allégir* s'emploient quelquefois l'un pour l'autre ; on *allégit* une poutre, on *amenuise* une voliche, on *aiguise* un poinçon ; on *allégit* en diminuant un corps considérable sur toutes les faces, on en *amenuise* un petit en le diminuant davantage par une seule face, on l'*aiguise* par les extrémités.

AMOUREUX, AMANT.

Amoureux désigne une qualité relative au tempérament, un penchant dont le terme *amant* ne réveille point l'idée. On ne peut empêcher un homme d'être *amoureux*, il ne prend guère le titre d'*amant* qu'on ne lui permette.

AMUSER, DIVERTIR.

Divertir, dans sa signification propre, tirée du latin, ne signifie autre chose que détourner son attention d'un objet en la portant sur un autre ; mais l'usage présent a de plus attaché à ce mot une idée du plaisir que nous prenons à l'objet qui nous occupe. *Amuser*, au contraire, n'emporte pas toujours l'idée du plaisir ; et quand cette idée s'y trouve jointe, elle exprime un plaisir plus foible que le mot *divertir* : celui qui s'*amuse* peut n'avoir d'autre sentiment que l'absence de l'ennui ; c'est-là même tout ce qu'emporte le mot *amuser*, pris dans sa signification rigoureuse. On va à la promenade pour s'*amuser* ; à la comédie pour se *divertir*. On dira d'une chose que l'on fait pour tuer le tems : *cela n'est pas fort divertissant*, mais cela m'*amuse* ; on dira aussi : *cette pièce m'a assez amusé, mais cette autre m'a fort diverti.*

Ce qu'il y a de singulier, c'est qu'au participe, *amusant* dit plus qu'*amuser* : le participe emporte toujours une idée de plaisir que le verbe n'emporte pas nécessairement. Quand on dit d'un homme, d'un livre, d'un spectacle qu'il est *amusant*, cela signifie qu'on a du moins un certain degré de plaisir à le lire ou à le voir ; mais quand on dira *je me suis mis à ma fenêtre pour m'amuser*, cela signifie seulement pour me désennuyer, pour m'occuper à quelque chose. On ne peut pas dire d'une tragédie qu'elle *amuse*, parce que le genre de plaisir qu'elle fait est sérieux et pénétrant, et qu'*amuser* emporte une idée de frivolité dans l'objet, et d'impression légère dans l'effet qu'il produit ; on peut dire que le jeu *amuse*, que la tragédie *occupe*, et que la comédie *divertit*.

Amuser dans un autre sens signifie aussi *tromper*; cet homme m'a long-temps *amusé* par ses promesses. Philippe, roi de Macédoine, disoit qu'on *amusoit* les hommes avec des sermens.

APPARENCE, EXTÉRIEUR, DEHORS.

L'*extérieur* fait partie de la chose, le *dehors* l'environne à quelque distance, l'*apparence* est l'effet qu produit sa présence ; les murs sont l'*extérieur* d'une maison, les avenues en sont les *dehors*, l'*apparence* résulte du tout.

APPARITIONS, VISIONS.

La *vision* se passe au-dedans, et n'est que l'effet de l'imagination. L'*apparition* suppose un objet, un dehors. St. Joseph, dit l'abbé Girard, fut averti par une *vision* de passer en Egypte ; ce fut une *apparition* qui instruisit la Magdelaine de la résurrection de Jésus-Christ. Les cerveaux échauffés et vuides de nourriture sont sujets à des *visions*, les esprits timides et crédules prennent tout ce qui se présente pour des *apparitions*.

APPAS, ATTRAIS, CHARMES.

Outre l'idée générale qui rend

ces mots synonimes, il leur est encore commun de n'avoir point de singulier dans le cas où on les prend ici, c'est-à-dire lorsqu'ils sont employés pour marquer le pouvoir qu'ont sur les cœurs, la beauté, l'agrément ou les graces; quant à leurs différences, les *attraits* ont quelque chose de plus naturel, les *appas* tiennent plus de l'art, et il y a quelque chose de plus fort et de plus extraordinaire dans les *charmes*. Les *attraits* se font suivre, les *appas* engagent, et les *charmes* entraînent : on ne tient guère contre les *attraits* d'une jolie femme, on a bien de la peine à se défendre des *appas* d'une coquette, il est presque impossible de résister aux *charmes* de la beauté ; on doit les *attraits* et les *charmes* à la nature, on prend des *appas* à sa toilette ; les défauts qu'on remarque diminuent l'effet des *attraits*; les *appas* s'évanouissent quand l'artifice se montre ; on se fait aux *charmes* avec l'habitude et le temps.

La vertu a des *attraits* qui se font sentir aux vicieux mêmes ; la richesse a des *appas* qui font quelquefois succomber la vertu ; le plaisir a des *charmes* qui triomphent souvent de la philosophie.

APPUI, SOUTIEN, SUPPORT.

L'*appui* fortifie, le *soutien* porte, le *support* aide ; l'*appui* est à côté, le *soutien* dessous, l'aide à l'un des bouts ; une muraille est *appuyée*, une voûte est *soutenue*, un toît est *supporté* ; ce qui est vivement poussé a besoin d'*appui*, ce qui est trop chargé a besoin de *soutien*, ce qui est très-long a besoin de *support*.

Au figuré, l'*appui* a plus de rapport à la force et à l'autorité ; le *soutien* au crédit et à l'habileté, et le le *support* à l'affection et à l'amitié.

Il faut *appuyer* nos amis dans leurs prétentions, les *soutenir* dans l'adversité, et les *supporter* dans leurs momens d'humeur.

ASSURÉ, SÛR, CERTAIN.

Certain a rapport à la spéculation, les premiers principes sont *certains*; *sûr*, à la pratique: les règles de notre morale sont *sûres*; *assuré*, aux évènemens: dans un bon gouvernement, les formes sont *assurées*; on est *certain* d'un point de science, *sûr* d'une maxime de morale, *assuré* d'un fait; l'esprit juste ne propose que des principes *certains*; l'honnête homme ne se conduit que par des règles *sûres*; l'homme prudent ne regarde pas la faveur des grands comme un bien *assuré*: il faut douter de tout ce qui n'est pas *certain*; se méfier de tout ce qui n'est pas *sûr*, rejetter tout ce qui n'est pas bien *assuré*.

ASSURER, AFFIRMER, CONFIRMER.

On *assure* par le ton dont on dit les choses ; on les *affirme* par le serment, on les *confirme* par des preuves : *assurer* tout donne l'air dogmatique ; tout *affirmer* inspire de la méfiance, tout *confirmer* rend ennuyeux ; le peuple qui ne sait pas douter *assure* toujours ; les menteurs pensent se faire plus aisément croire, en *affirmant* ; les gens qui aiment à parler, embrassent toutes les occasions de *confirmer*. Un honnête homme qui *assure*, mérite d'être cru ; il perdroit son caractère s'il *affirmoit* à l'aventure ; il n'avance rien d'extraordinaire, sans le *confirmer* par de bonnes raisons.

ATTACHEMENT, ATTACHE, DÉVOUEMENT.

Tous ces termes marquent une disposition habituelle de l'ame pour un objet qui nous est cher, et que nous craignons de perdre : on a de l'*attachement* pour ses amis et pour ses devoirs ; on a de l'*attache* à la vie et pour sa maîtresse ; et l'on est *dévoué* à son prince et pour sa patrie ; d'où l'on voit qu'*attache* se prend ordinairement en mauvaise part, et qu'*attachement* et *dévouement* se prennent ordinairement en bonne ; on dit de l'attachement, qu'il est sincère ; de l'*attache*, qu'elle est forte ; et du *dévouement*, qu'il est sincère.

ATTACHER, LIER.

On *lie* pour empêcher deux objets

de se séparer, on *attache* quand on veut en arrêter un; on *lie* les pieds et les mains, on *attache* à un poteau; on *lie* avec une corde, on *attache* avec un clou. Au figuré, un homme est *lié* quand il n'a pas la liberté d'agir, il est *attaché* quand il ne peut changer; l'autorité *lie*, l'inclination *attache*; on est *lié* à sa femme, et *attaché* à sa maîtresse.

ATTENTION, EXACTITUDE, VIGILANCE.

Tous ces termes marquent différentes manières dont l'ame s'occupe d'un objet; rien n'échappe à l'*attention*; l'*exactitude* n'omet rien, la *vigilance* fait la sûreté: si l'ame s'occupe d'un objet pour le connoître, elle donne de l'*attention*; pour l'exécuter, elle apporte de l'*exactitude*; pour le conserver, elle emploie la *vigilance*. L'*attention* suppose la présence d'esprit; l'*exactitude*, la mémoire; la *vigilance*, la crainte et la méfiance.

Le magistrat doit être *attentif*, l'ambassadeur *exact*, le capitaine *vigilant*. Les discours des autres demandent de l'*attention*, le maniement des affaires, de l'*exactitude*; l'approche du danger, de la *vigilance*. Il faut écouter avec *attention*, satisfaire à sa promesse avec *exactitude*, et *veiller* à ce qui nous est confié.

ATTÉNUER, BROYER, PULVÉRISER.

L'un se dit des fluides condensés, coagulés, et les deux autres des solides. Dans l'un et l'autre cas, on divise en molécules plus petites, et l'on augmente les surfaces; *broyer* marque l'action, *pulvériser* en marque l'effet; il faut *broyer* pour *pulvériser*, il faut fondre et dissoudre pour *atténuer*. *Atténuer* se dit encore de la diminution des forces. Ce malade s'*atténue* ; cet homme est *atténué*.

AVANTAGE, PROFIT, UTILITÉ.

Termes relatifs au bien être des choses que nous tirons des choses extérieures : l'*avantage* naît de la commodité ; le *profit* du gain, et l'*utilité* des services. Ce livre m'est *utile*, ces leçons me sont *profitables*, son commerce m'est *avantageux*. Fuyez les gens qui cherchent en tout leur *avantage*, qui ne songent qu'à leur *profit*, et qui ne sont d'aucune *utilité* aux autres.

AUDACE, HARDIESSE, EFFRONTERIE.

Termes relatifs à la nature d'une

action, à l'état de l'ame de celui qui l'entreprend, et à la manière avec laquelle il s'y porte. La *hardiesse* marque du courage, l'*audace* de la hauteur, l'*effronterie* de la déraison et de l'indécence. *Hardiesse* se prend toujours en bonne part, *audace* et *effronterie* se prennent toujours en mauvaise ; on est *hardi* dans le danger, *audacieux*, dans le discours, *effronté* dans ses propositions.

AUTORITÉ, POUVOIR, PUISSANCE.

L'*autorité*, dit l'abbé Girard, laisse plus de liberté dans le choix ; le *pouvoir* a plus de force, l'empire est plus *absolu* : on tient l'*autorité* de la supériorité du rang et de la raison. Le *pouvoir* de l'attachement que les personnes ont pour nous, l'*empire* de l'art qu'on a de saisir le foible. L'*autorité* persuade, le *pouvoir* entraîne, l'*empire* subjugue. L'*autorité* suppose du mérite dans celui qui l'a ; le *pouvoir*, des liaisons ; l'*empire*, de l'ascendant. Il faut se soumettre à l'*autorité* d'un homme sage, on doit accorder sur soi du *pouvoir* à ses amis, il ne faut laisser prendre de l'*empire* à personne ; l'*autorité* est communiquée par les lois ; le *pouvoir* par ceux qui en sont dépositaires ; la *puissance* par le consentement des hommes ou la force des armes : on est heureux de vivre sous l'*autorité* d'un prince qui aime la justice, dont les ministres ne s'arrogent pas un *pouvoir* au-delà de celui qu'il leur donne, et qui regarde l'amour et le zèle de ses sujets comme le fondement de sa *puissance*. Il n'y a point d'*autorité* sans lois ; il n'y a point de loi qui donne une *autorité* sans bornes. Tout *pouvoir* a ses limites : il n'y a point de *puissance* qui ne doive être soumise à celle de Dieu, l'*autorité* foible attire le mépris, le *pouvoir* aveugle, choque l'équité, la *puissance* jalouse est formidable. L'*autorité* est relative au droit, la *puissance* aux moyens d'en user, le *pouvoir* à l'usage ; l'*autorité* réveille une idée de respect, la *puissance* une idée de grandeur, le *pouvoir* une idée de crainte ; l'*autorité* de Dieu est sans bornes, sa *puissance* éternelle, et son *pouvoir* absolu. Les pères ont de l'*autorité* sur leurs enfans ; les rois sont *puissans* entre leurs semblables ; les hommes riches et titrés sont *puissans* dans la société ; les magistrats y ont du *pouvoir*.

AVENTURE, ÉVÉNEMENT, ACCIDENT.

Termes relatifs aux choses passées ou considérées comme telles. *Évé-*

nement est une expression qui leur est commune à tous, et qui n'en désigne ni la qualité, ni celle des êtres à qui elles sont arrivées ; il demande une épithète pour indiquer quelque chose de plus que l'existence des choses : le changement dans la valeur des espèces est un *évènement* ; mais quel est cet *évènement* ? Il est avantageux pour quelques particuliers, fâcheux pour l'Etat. *Accident* a rapport à un fait unique, ou considéré comme tel, et à des individus, et marque toujours quelque mal physique. Il est arrivé un grand *accident* à ce village, le tonnerre en a brûlé la moitié. *Aventure* est aussi indéterminé qu'*évènement*, quant à la qualité des choses arrivées ; mais *évènement* est plus général, il se dit des êtres animés et des êtres inanimés, et *aventure* n'est relatif qu'aux êtres animés ; une *aventure* est bonne ou mauvaise, ainsi qu'un évènement, mais il semble que la cause de l'*aventure* nous soit moins inconnue, et son existence moins inopinée que celle de l'*évènement* et de *l'accident*. La vie est pleine d'*évènemens*, dit l'abbé Girard; entre ces évènemens, combien d'*accidens* qu'on ne peut ni prévenir, ni réparer? On n'a pas été dans le monde sans avoir eu quelqu'*aventure*.

AUGMENTER, AGGRANDIR.

L'un s'applique à l'étendue, et l'autre aux nombres; on *aggrandit* une ville, et on augmente le nombre des citoyens; on *aggrandit* sa maison, et on en *augmente* les étages; on *aggrandit* son terrein, et on *augmente* son bien; on ne peut trop *augmenter* la force d'un Etat, mais on peut trop l'*aggrandir*.

AUGMENTER, CROITRE.

L'un se fait par développement, l'autre par addition. Les bleds croissent, la récolte *augmente*. Si l'on dit également bien la rivière *croît*, et la rivière *augmente*, c'est que dans le premier cas, on la considère en elle-même, et abstraction faite des causes de son *accroissement*, et que dans le second l'esprit tourne sa vue sur la nouvelle quantité d'eau, surajoutée qui la fait hausser.

AVIS, AVERTISSEMENT, CONSEIL.

Termes synonimes en ce qu'ils sont tous trois relatifs à l'instruction des autres. L'*avertissement* est moins relatif aux mœurs et à la conduite, qu'*avis* et *conseil*. *Avis* ne renferme point une idée de supériorité

rité si distincte que *conseil* ; quelquefois même idée de supériorité est tout-à-fait étrangère à *avis*. Les auteurs mettent des *avertissemens* à leurs livres, les espions donnent des *avis* ; les pères et les mères donnent des *conseils* à leurs enfans ; la cloche *avertit*, le banquier donne *avis*, l'avocat *conseille* ; les *avis* sont vrais ou faux, les *avertissemens* nécessaires ou superflus, et les *conseils* bons ou mauvais.

AVIS, SENTIMENT, OPINION.

Termes synonimes en ce qu'ils désignent tous un jugement de l'esprit. Le *sentiment* marque un peu la délibération qui l'a précédé ; l'*avis*, la décision qui l'a suivi ; et l'*opinion* a rapport à une formalité particulière de judicature, et suppose de l'incertitude. Le *sentiment* emporte une idée de sincérité et de propriété ; l'*avis*, une idée d'intérêt, pour quelqu'autre que nous ; l'*opinion*, un concours de témoignages. Il peut y avoir des occasions, dit l'abbé Girard, où l'on soit obligé de donner son *avis* contre son sentiment, et de se conformer aux *opinions* des autres.

BAISSER; ABBAISSER,

Baisser se dit des objets qu'on veut placer plus bas, dont on a diminué la hauteur, et de certains mouvemens du corps. On *baisse* une poutre, on *baisse* les yeux ; *abbaisser* se dit des choses faites pour en couvrir d'autres ; *abbaisser* le dessus d'une cassette ; *abbaisser* les paupières. *Baisser* est quelquefois neutre, *abbaisser* ne l'est jamais ; on *baisse* en diminuant, on se *baisse* en se courbant, on s'*abaisse* en s'humiliant ; les rivières *baissent*, les grandes personnes sont obligées de se *baisser* pour passer dans des endroits moins élevés qu'eux ; il est quelquefois dangereux de s'*abbaisser*.

BANDE, BARRE, LISIÈRE.

Ces trois termes peuvent être considérés comme synonimes ; car ils désignent une idée générale qui leur est commune, beaucoup de longueur sur peu de largeur et d'épaisseur : mais ils sont différenciés par des idées accessoires. La *lisière* est une longueur sur peu de largeur, prise ou levée sur les extrémités d'une pièce ou d'un tout. La *bande* est une longueur sur peu de largeur et d'épaisseur, qui est prise dans la pièce, ou qui même n'en a jamais fait partie. La *barre* est une pièce ou même un tout qui a beaucoup de longueur sur peu de largeur, avec quelqu'épaisseur ; et qui peut faire résistance. Ainsi on dit, la *lisière* d'une province, d'un drap, d'une toile; une *bande* de toile, d'étoffe, de papier; une *barre* de bois ou de fer.

BATAILLE, COMBAT, ACTION.

La *bataille* est une action plus générale et ordinairement précédée de préparations; le *combat* est une action plus particulière et moins prévue : on peut dire que la *bataille* de Pharsale, et le *combat* des Horaces et des Curiaces sont des *actions* bien connues; ainsi *action* semble le genre, et *bataille* et *combat* des espèces. *Bataille* a rapport aux dispositions, et *combat* à l'*action*. On dit l'ordre de *bataille*, et la chaleur du *combat*. *Combat* se prend au figuré, *bataille* ne s'y prend point : on ne parleroit point mal en disant : Il s'est passé au-dedans de moi un violent combat entre les craintes de l'offenser, et la honte de lui céder ; mais il seroit ridicule d'employer en ce sens le terme de *bataille* ; celui d'*action* ne convient pas davantage.

BÉATITUDE, BONHEUR, FÉLICITÉ.

Termes relatifs à la condition d'un être qui pense, et qui sent : le *bonheur* marque un homme riche des biens de la fortune ; la *félicité*, un homme content de ce qu'il a ; la *béatitude*, l'état d'une ame que la présence immédiate de son Dieu remplit dans ce monde-ci, ou dans l'autre, et qui seroit au-dessus de toute expression, sans doute, si nous le connoissions. Le *bonheur* excite l'envie, la *félicicité* se fait sentir en nous seul, la *béatitude* nous attend dans une autre vie : la jouissance des biens, fait la *félicité*; leur possession, le *bonheur*; la *béatitude* réveille l'idée d'extase et de ravissement, qu'on n'éprouve ni dans le *bonheur*, ni dans la *félicité* de ce monde. C'est aux autres à faire notre *bonheur*, notre *félicité* dépend davantage de nous ; il n'y a que Dieu qui puisse nous conduire à la *béatitude*.

BEAU, JOLI.

Le *beau* opposé au *joli*, est grand, noble et régulier, on l'admire : le *joli* est fin et délicat, il plaît ; le *beau*, dans les ouvrages d'esprit, suppose de la vérité dans le sujet, de l'élévation dans les pensées, de la justesse dans l'expression, de la nouveauté dans le tour, et de la régularité dans la conduite ; l'éclat et la singularité suffisent pour les rendre *jolis*. Il y a des choses qui peuvent être *jolies* et *belles* ; telle est la comédie : il y en a d'autres qui ne peuvent qu'être *belles*; telle est la tragédie. Il y a quelquefois plus de mérite à trouver une *jolie* chose qu'une *belle* ; dans ces occasions une chose ne mérite le nom de *belle* que par l'importance de son objet, et une chose n'est appelée *jolie* que par le peu de conséquence du sien : on ne fait attention alors qu'aux avantages, et l'on perd de vue la difficulté de l'invention : il est si vrai que le beau emporte une idée de grand, que le même objet que nous avons appellé *beau*, ne nous paroîtroit plus que *joli*, s'il étoit exécuté en petit. L'esprit est un faiseur de *jolies* choses, mais c'est l'ame qui produit les grandes ; les traits ingénieux ne sont ordinairement que *jolis* ; il y a de la *beauté* par-tout où l'on rencontre du sentiment ; un homme qui dit d'une belle chose qu'elle est *belle*, ne donne pas une grande preuve de discernement ; celui qui dit qu'elle est *jolie*, est un sot, ou ne s'entend pas.

BÉNÉFICE, GAIN, PROFIT, LUCRE, ÉMOLUMENT.

Le *gain* semble beaucoup dépendre du hasard ; le *profit* paroît plus sûr ; le *lucre* est plus général et a plus de rapport à la passion ; l'*émolument* est affecté aux emplois ; le *bénéfice* semble dépendre de la bienveillance des autres. Le *gain* est pour les joueurs ; le *profit*, pour les marchands ; le *lucre*, pour les hommes intéressés ; l'*emolument*, pour certains gens de robe et de finance ; et le *bénéfice*, pour celui qui revend sur-le-champ. Le joueur dira, j'ai peu gagné ; le marchand, je n'ai pas fait grand profit ; les employés, les *émolumens* de mon emploi sont petits; le revendeur : *accorde-moi un petit bénéfice* ; et l'on peut dire d'un homme intéressé qu'il aime le *lucre*.

BESOIN, NÉCESSITÉ, INDIGENCE, PAUVRETÉ, DISETTE.

La *pauvreté* est un état opposé à celui d'*opulence* ; on y manque des commodités de la vie, on n'est pas maître de s'en tirer. Ce n'est pas un vice en soi, mais il est pis devant les hommes ; l'*indigence* n'est autre chose que l'extrême *pauvreté*, on y manque du nécessaire ; la *disette* est relative aux alimens. Le *besoin* et la *nécessité* sont des termes qui seroient entièrement synonimes, l'un à *pauvreté* et l'autre à l'*indigence*, s'ils n'avoient pas encore quelque rapport aux secours qu'on attend des autres. Le *besoin* seulement presse moins que la *nécessité*; on méprise les *pauvres*, on a pitié des *indigens*, on évite ceux qui ont *besoin*, on porte à ceux qui sont dans la *nécessité*. Un *pauvre*, avec un peu de fierté, peut se passer de secours, l'indigent est contraint d'accepter; le *besoin* met dans le cas de demander; la *nécessité*, dans celui de recevoir le plus petit don. Si l'on examine les nuances délicates de ces différens états, peut-être y trouvera-t-on la raison, des sentimens bizarres qu'ils excitent dans la plupart des hommes.

BÊTE, ANIMAL, BRUTE.

Bête se prend souvent par opposition à homme; ainsi on dit: l'homme a une ame, mais quelques philosophes n'en accordent point aux *bêtes*. *Brute* est un terme de mépris qu'on n'applique aux *bêtes* et à l'homme qu'en mauvaise part, *il s'abandonne à toutes les fureurs de son penchant, comme une brute.* Animal est un terme générique qui convient à tous les êtres organisés vivans. L'*animal* vit, agit, se meut de lui-même : si on considère l'*animal* comme pensant, voulant, agissant, réfléchissant, on restreint sa signification à l'espèce humaine ; si on le considère comme borné dans toutes les fonctions qui marquent de l'intelligence et de la volonté, et qui semblent lui être communes avec l'espèce humaine, on le restreint à *bête*. Si on considère la *bête* dans son dernier degré de stupidité, et comme affranchie des lois de la raison et de l'honnêteté, selon lesquelles nous devons régler notre conduite, nous l'appellons *brute*.

BIEN (HOMME DE), HOMME D'HONNEUR, HONNÊTE HOMME.

Il semble que l'*homme de bien* est celui qui satisfait exactement aux préceptes de sa religion; l'*homme d'honneur*, celui qui suit rigoureusement les lois et les usages de la société; et l'*honnête homme*, celui qui ne perd pas de vue dans aucunes de ses actions les principes de l'équité naturelle. L'*homme de bien* fait des aumônes, l'*homme d'honneur* ne manque point à ses promesses, l'*honnête homme* rend la justice à ses ennemis; l'*honnête homme* est de tous les pays, l'*homme de bien* et l'*homme d'honneur* ne doivent point faire des choses que l'*honnête homme* ne se permet pas.

BIGARRURE,

BIGARRURE, DIVERSITÉ, VARIÉTÉ, DIFFÉRENCE.

Tous ces termes supposent pluralité des choses comparées entr'elles. La *différence* suppose une comparaison de deux ou plusieurs choses, entre lesquelles on apperçoit des qualités communes à toutes, par lesquelles elles conviennent, et des qualités particulières à chacune, et même peut-être opposées, qui les distinguent. *Diversité* marqué assemblage ou succession d'êtres *différens*, et considérés sans aucunes liaisons entr'eux. Cet univers est peuplé d'être *divers*. *Variété* se dit d'un assemblage d'êtres *différens*, mais considérés comme parties d'un tout, d'où leur *différence* chasse l'uniformité, en occasionnant sans cesse des perceptions nouvelles; il règne entre les fleurs de ce parterre une belle *variété*. *Bigarrure* ne diffère de *variété* que comme le bien et le mal, et il se dit d'un assemblage d'êtres *différens*, mais considérés comme des parties d'un tout mal assorti, et de mauvais goût. Quelle *différence* entre un homme et un autre homme ! quelle *diversité* dans les goûts ! quelle *bigarrure* dans les ajustemens !

BIZARRE, FANTASQUE, CAPRICIEUX, QUINTEUX, BOURRU.

Termes qui indiquent tous un défaut dans l'humeur ou l'esprit, par lequel on s'éloigne de la manière d'agir ou de penser du commun des hommes. Le *fantasque* est dirigé dans sa conduite et dans ses jugemens par des idées chimériques qui lui font exiger des choses une sorte de perfection, dont elles ne sont pas susceptibles, ou qui lui font remarquer en elles des défauts que personne n'y voit que lui. Le *bizarre*, par une pure affectation, de ne rien dire ou faire que de singulier ; le *capricieux*, par un défaut de principes qui l'empêche de se fixer ; le *quinteux*, par des révolutions subites de tempérament qui l'agitent ; et le *bourru*, par une certaine rudesse qui vient moins de fond que d'éducation. Le *fantasque* ne va point sans le chimérique ; le *bizarre*, sans l'extraordinaire ; le *capricieux*, sans l'arbitraire ; le *quinteux*, sans le périodique ; le *bourru*, sans le maussade, et tous ces caractères sont incorrigibles.

BONHEUR, CHANCE.

Termes relatifs aux évènemens ou aux circonstances qui ont rendu et rendent un homme content de son existence ; mais *bonheur* est plus général que *chance*, il embrasse presque tous ces évènemens ; *chance* n'a guère de rapport qu'à ceux qui dépendent du hazard pur, ou dont la cause étant tout-à-fait indépendante de nous, a pu et peut agir tout autrement que nous le desirons, sans que nous ayons aucun sujet de nous en plaindre. On peut nuire ou contribuer à son *bonheur*. La *chance* est hors de notre portée ; on ne se rend point *chanceux*, on l'est, ou on ne l'est pas. Un homme qui jouissoit d'une fortune honnête a pu jouer, ou ne pas jouer, à pair ou non ; mais toutes ses qualités personnelles ne pouvoient pas augmenter sa *chance*.

BONHEUR, PROSPÉRITÉ.

Termes relatifs à l'état d'un être qui pense et qui sent. Le *bonheur* est l'effet du hasard, il arrive inopinément; la *prospérité* est un *bonheur* continu, qui semble dépendre de la bonne conduite. Les fous ont quelquefois du *bonheur*; les sages ne *prospèrent* pas toujours: on dit du *bonheur* qu'il est grand, et de la *prospérité* qu'elle est rapide. Le *bonheur* se dit et du bien qui nous est arrivé, et du mal que nous avons évité: la *prospérité* ne s'entend jamais que d'un bien augmenté par dégrés. Le capitole sauvé de la surprise des Gaulois par les cris des oies sacrées, est un trait qui montre le grand *bonheur* des Romains; mais ils doivent à la sagesse de leurs lois, et à la valeur de leurs soldats, leur longue *prospérité*.

BORNES, TERMES, LIMITES.

Termes qui sont tous relatifs à l'étendue finie. Le *terme* marque jusqu'où l'on peut aller ; les *limites*, ce qui n'est pas permis de passer ; les *bornes*, ce qui empêche d'aller en avant. Le *terme* est un point, les *limites* sont une ligne ; les *bornes*, un obstacle : on approche ou l'on éloigne le *terme*; on étend ou l'on resserre les *limites*; on avance ou l'on recule les *bornes*. On dit les *bornes* d'un champ, les *limites* d'une province, le *terme* d'une course.

BOURGEOIS, CITOYEN, HABITANT.

Termes relatifs à la résidence que l'on fait dans un lieu. Le *bourgeois* est celui dont la résidence ordinaire est dans une ville ; le *citoyen* est un *bourgeois*, considéré relativement à la société dont il est membre ; l'*habitant* est un particulier considéré relativement à la résidence pure et simple : on est *habitant* de la ville, de la province, ou de la campagne; on est *bourgeois* de Paris. Le *bourgeois* de Paris qui prend à cœur les intérêts de sa ville contre les attentats qui la menacent, en devient le *citoyen*. Les hommes sont *habitans* de la terre, les villes sont pleines de *bourgeois*; il y a peu de *citoyens* parmi les *bourgeois*; l'habitation suppose un lieu, la *bourgeoisie* suppose une ville; la qualité de *citoyen*, une société, dont chaque particulier connoît les affaires, aime le bien et peut se promettre de parvenir aux premières dignités.

BOUT, EXTRÉMITÉ, FIN.

Termes relatifs à l'étendue; *bout* à l'étendue seulement en longueur, dont il marque le dernier point. L'*extrémité* est l'étendue soit en longueur et largeur, soit en longueur, largeur et profondeur; car l'on dit l'*extrémité* d'une ligne, d'une surface, d'un corps ; mais *extrémité* diffère encore de *bout*, en ce qu'elle réveille davantage l'idée de dernière *limite*, soit de la ligne, soit de la surface, soit du solide ; *fin* n'est relatif qu'en un tout, où l'on considère des parties comme antérieures et postérieures dans l'ordre ou le tems ; ainsi *bout* ne se dit que d'une table, quand elle est oblongue, et qu'on veut en désigner la partie la plus éloignée du centre ; *extrémité*, que de l'espace de cette table pris tout autour extrêmement voisins des bords qui la terminent ; *fin*, que d'un livre, d'une année, d'un récit, d'un concert.

BRAVOURE, VALEUR, COURAGE, COEUR, INTRÉPIDITÉ.

Termes qui désignent tous l'état de l'ame à la vue du danger : le *cœur* marque la fermeté ; l'homme de *cœur* ne recule pas ; le *courage* est accompagné d'impatience, il brûle d'attaquer; la *valeur* est le *courage*, accompagné d'une sorte d'ostentation qu'on aime dans la jeunesse ; la *bravoure* n'est guère d'usage que dans les dangers de la guerre, et semble ne s'accorder qu'à ceux qui s'y sont exposés plusieurs fois. La *bravoure* est le courage souvent éprouvé ; l'*intrépidité* est le mépris de la vie et des dangers. Les termes *bravoure*, *valeur*, *intrépidité* ont une acception moins étendue que ceux de *cœur* et de *courage*.

BRILLANT, LUSTRE, ÉCLAT.

Termes qui sont relatifs aux couleurs quand ils sont pris au propre et au physique, et qu'on transporte par métaphore aux expressions, au style, aux pensées ; alors ils ne signifient autre chose, que de même qu'entre les couleurs, il y en a qui affectent plus ou moins vivement nos yeux ; de même entre les pensées et les expressions, il y en a qui frappent plus ou moins vivement l'esprit. L'*éclat* enchérit sur le brillant, et celui-ci sur le *lustre*. Il semble que l'*éclat* appartienne aux couleurs vives et aux grands objets ; le *brillant*, aux couleurs claires et aux petits objets ; et le *lustre*, aux couleurs récentes, et aux objets neufs ; la flamme jette de l'*éclat*, le diamant *brille*, le drap neuf a son *lustre*.

CACHER, DISSIMULER, DÉGUISER.

Termes relatifs à la conduite que nous avons à tenir avec les autres hommes, dans les occasions où il nous importe qu'ils se trompent sur nos pensées et sur nos actions, ou qu'ils les ignorent. On *cache* ce qu'on ne veut point laisser appercevoir, on *dissimule* ce qui s'apperçoit trop bien, on *déguise* ce qu'on a intérêt de montrer autre qu'il n'est. Les participes *dissimulé* et *caché*, se prennent dans un sens plus fort que les verbes *dissimuler* et *cacher*; l'homme *caché*, est celui dont la conduite est impénétrable par les ténèbres dont elle est couverte; l'homme *dissimulé* est celui dont la conduite est toujours masquée par de fausses apparences. Le premier cherche à n'être pas connu, le second à l'être mal; il y a souvent de la prudence à *cacher*, il y a toujours de l'art et de la fausseté, soit à *dissimuler*, soit à *déguiser*; on *cache* par le silence, on *dissimule* par les démarches, on *déguise* par les propos; l'un appartient à la conduite, l'autre au discours. On pourroit dire que la *dissimulation* est un mensonge en action.

CANDEUR, NAIVETÉ, INGÉNUITÉ.

La *candeur* est le sentiment intérieur de la pureté de son ame, qui empêche de penser qu'on ait rien à dissimuler. L'*ingénuité* peut être une suite de la sottise, quand elle n'est pas l'effet de l'expérience; mais la *naïveté* n'est tout au plus que l'ignorance des choses de convention, faciles à apprendre, et bonnes à dédaigner. La *candeur* est la première marque d'une belle ame. La *naïveté* et la *candeur* peuvent se trouver dans le plus beau génie; et alors elles en sont l'ornement le plus précieux et le plus aimable.

CÉLÈBRE, ILLUSTRE, FAMEUX RENOMMÉ.

Termes relatifs à l'opinion que les hommes ont conçu de nous, sur ce qu'ils qu'ils en ont entendu raconter d'extraordinaire : *fameux* ne désigne que l'étendue de la réputation, soit que cette réputation soit fondée sur de bonnes et de mauvaises actions, et se prend en bonne et mauvaise part. On dit un *fameux* capitaine, et un *fameux* voleur. *Illustre* marque une réputation fondée sur un mérite, accompagné de dignité et d'éclat; on dit les hommes *illustres* de la France, et l'on comprend sous cette dénomination, et les grands capitaines, et les magistrats distingués, et les auteurs qui joignent des dignités au mérite littéraire. *Célèbre* offre l'idée d'une réputation acquise par des talens littéraires, réels ou supposés, et n'emporte point celle de dignité. *Renommé* seroit tout-à-fait synonime à *fameux* s'il se prenoit en bonne et en mauvaise part; mais il ne se prend qu'en bonne, et n'est relatif qu'à l'étendue de la réputation. Peut-être marque-t-il une réputation un peu moins étendue que *fameux*. *Fameux*, *célèbre*, *renommé*, se disent des personnes et des choses. *Illustre* ne se dit que des personnes ; Erostrate et Alexandre se sont rendus fameux, l'un par l'incendie du temple d'Ephèse, l'autre par le ravage de l'Asie. La bataille de Canne *illustra* les Carthaginois ; Horace est *célèbre* entre les auteurs latins ; la pourpre de Sidon étoit aussi *renommée* chez les anciens, que la teinture des Gobelins parmi nous.

CEPENDANT, POURTANT, NÉANMOINS, TOUTEFOIS.

L'abbé Girard dit que *pourtant* a plus d'énergie, affirme avec plus de fermeté, que *cependant* est moins absolu, et affirme seulement contre les apparences ; que *néanmoins* indique deux choses opposées, dont l'on affirme l'une sans nier l'autre, et que *toutefois* marque une exception à une règle assez générale, ce qu'il confirme par les exemples suivans, ou d'autres semblables : Que tous les critiques s'élèvent contre un ouvrage, qu'ils le poursuivent avec toute l'injustice et la mauvaise volonté possible, ils n'empêcheront *pourtant* pas le public d'être équitable, et de l'acheter s'il est bon. Quelques écrivains ont répandu dans leurs ouvrages les maximes les plus opposées à la morale chrétienne, d'autres ont publié les systêmes les plus contraires à ses dogmes ; *cependant* les uns et les autres ont été bons parens, bons amis, bons citoyens même, si on leur pardonne la faute qu'ils ont commise en qualité d'auteurs : Bourdaloue a de la sécheresse, *néanmoins* il fut célèbre parmi les orateurs de son temps :

on dit que certains journalistes ne louent que ce qu'ils font ; *toutefois* ils ont loué l'histoire naturelle, et d'autres excellens ouvrages qu'ils n'ont pas faits.

CERTITUDE, ÉVIDENCE.

L'*évidence* appartient proprement aux idées dont l'esprit apperçoit la liaison tout d'un coup ; et la *certitude* à celles dont il n'apperçoit la liaison que par le secours d'un certain nombre d'idées intermédiaires. L'*évidence* appartient aux vérités purement spéculatives de métaphysique et de mathématique, et la *certitude* aux objets physiques, et aux faits que l'on observe dans la nature, et dont la connoissance nous vient par les sens.

CESSER, DISCONTINUER, FINIR.

Termes relatifs à la durée d'une action. On *finit* en achevant, on *cesse* en abandonnant, on *discontinue* en interrompant. Pour *finir* son discours à propos, il faut prévenir le moment où l'on ennuyeroit; on doit *cesser* sa poursuite quand on s'apperçoit qu'elle est inutile; il faut *discontinuer* le travail quand on est fatigué.

CHAIR, VIANDE.

Ces termes s'emploient l'un et l'autre pour désigner une certaine portion de substance animale; mais le mot *viande*, dit l'abbé Girard, porte avec lui l'idée d'aliment, et le mot *chair* désigne un rapport à la constitution physique d'une partie de l'animal. Mais ce dernier a, la composition physique de l'ani-

un rapport que n'a pas le premier. *Chair* ne se dit que des viandes molles ; viande, au contraire, se dit d'une portion de substance animale, mêlée de parties molles et de parties dures, comme il paroît par le proverbe : Il n'y a point de *viande* sans os.

Viande se prend encore d'une façon plus générale et plus abstraite que *chair* ; car on dit : de la *chair* de perdrix, de poulet, de lièvre, etc. et de toutes ces *chairs*, que ce sont des *viandes* ; mais on ne dit pas : de la *viande* de perdrix, de poulet, etc. ce qui vient peut-être de ce qu'anciennement *viande* et alimens étoient synonimes. En effet, toute *viande* se mange, et il y a des *chairs* qui ne se mangent pas. On dit : *viande* de boucherie, et non *chair* de boucherie.

Quand on dit : voilà de belles *chairs*, et voilà de belles *viandes* ;

on entend encore des choses fort différentes. La première de ces expressions peut être l'éloge d'une jolie femme, et l'autre est celui d'un bon morceau de bœuf ou de veau non cuit.

CHANGE, TROC, ÉCHANGE, PERMUTATION.

M. l'abbé Girard prétend dans ses synonimes, que *change* non seulement n'exprime pas, mais exclut toute idée de rapport, ce qui ne me paroît pas exact; car *changer* est un mot relatif, dont le corrélatif est de persister dans la possession. On ne peut entendre le terme *change*, sans avoir l'idée de la chose qu'on a et celle de la chose pour laquelle on la cède. Il désigne l'action de donner et de recevoir. Il y a peu de *changes* où la bonne-foi soit entière; il arrive même communément que les deux contractans pensent s'attrapper l'un l'autre. S'il y a une inégalité convenue entre les choses qu'on *change*, la compensation de cette inégalité s'appelle *échange*. *Échange* est cependant aussi synonime à *change*; mais il ne s'applique qu'aux charges, aux terres et aux personnes. On dit *faire un échange d'état, de biens et de prisonniers*. Si le *change* est de meubles, d'ustenciles et d'animaux, il se nomme *troc* : on *troque* des bijoux et des chevaux. Quant à la *permutation*, elle n'a lieu que dans le *change* des dignités ecclésiastiques : on *permute* sa cure, son canonicat avec un autre bénéfice.

CHANGEMENT, VARIATION, VARIÉTÉ.

Termes qui s'appliquent à tout ce qui altère l'identité, soit absolue, soit relative, ou des êtres, ou des états; le premier marque le passage d'un état à un autre; le second, le passage rapide par plusieurs états successifs; le dernier, l'existence de plusieurs individus d'une même espèce, sous des états en partie semblables, en partie différens, ou d'un même individu sous plusieurs états différens. Il ne faut qu'avoir passé d'un seul état à un autre, pour avoir *changé*. C'est la succession rapide sous des états différens qui fait la *variation*. La *variété* n'est pas dans les actions, elle est dans les êtres; elle peut être dans un être considéré solitairement, elle peut être entre plusieurs êtres considérés collectivement; il n'y a point d'homme si constant dans ses principes, qui n'en ait *changé* quelquefois; il n'y a point de gouvernement qui n'ait eu ses *variations*; il n'y a point d'espèce dans la nature qui n'ait une infinité de *variétés*, qui l'approchent ou l'éloignent par des degrés insensibles d'une autre espèce. Entre ces êtres, si l'on considère les animaux, quelle que soit l'espèce d'animal qu'on prenne, quel que soit l'individu de cette espèce qu'on examine, on y remarquera une *variété* prodigieuse dans leurs parties, dans leurs fonctions, et leur organisation.

CHARGE, FARDEAU, POIDS, FAIX.

Termes qui sont tous relatifs à l'impression des corps sur nous, et à l'action opposée de nos forces sur eux, soit pour soutenir, soit pour vaincre leur *pesanteur*. S'il y a une compensation bien faite entre la *pesanteur* de la *charge* et la force des corps, on n'est ni trop, ni trop peu *chargé*. Si la *charge* est grande, et qu'elle emploie toute la force du corps; si l'on y fait encore entrer l'idée effrayante du volume, on aura celle du *fardeau*; si le *fardeau* excède les forces, et qu'on y succombe, on rendra cette circonstance par *faix* : le *poids* a moins de rapport à l'emploi des forces, qu'à la comparaison des corps entr'eux, et à l'évaluation que nous faisons ou que nous avons faite de leur pesanteur, par plusieurs applications de nos forces à d'autres corps; on dira donc : *il en a sa charge, son fardeau est gros et lourd, il sera accablé sous le faix; il ne faut pas estimer cette marchandise au poids.*

CHARMES, ENCHANTEMENT, SORT.

Termes qui marquent tous trois l'effet d'une opération magique, que la religion condamne, et que l'ignorance des peuples suppose souvent où elle ne se trouve pas. Si cette opération est appliquée à des êtres insensibles, elle s'appellera *charme*. On dit qu'un fusil est *charmé*. Si elle est appliquée à un être intelligent, il sera *enchanté* ; si l'enchantement est long, opiniâtre et cruel, il sera *ensorcelé*.

CHANTEUR, CHANTRE.

Chacun de ces deux termes énonce également un homme qui est chargé par état de chanter : mais on ne dit *chanteur* que pour le *chant* profane, et l'on dit *chantre* pour le chant de l'église.

Un *chanteur* est donc un acteur de l'opéra qui récite, exécute, joue les rôles, ou qui chante dans les chœurs des tragédies et des ballets mis en musique.

Un *chantre* est un ecclésiastique,
ou

ou un laïc revêtu dans ses fonctions de l'habit ecclésiastique, appointé par un chapitre, pour chanter dans les offices, les récits, les chœurs de musique, etc. et même pour chanter le plain-chant.

CHASTETÉ, CONTINENCE.

Deux termes également relatifs à l'usage des plaisirs de la chair, mais avec des différences bien marquées.

La *chasteté* est une vertu morale, qui prescrit des règles à l'usage de ces plaisirs; la *continence* est une autre vertu qui en interdit absolument l'usage. La *chasteté* étend ses vues sur tout ce qui peut être relatif à l'objet qu'elle se propose de régler: pensées, discours, lecture, attitudes, gestes, choix des alimens, des occupations, des sociétés, du genre de vie par rapport au tempérament, etc. La *continence* n'envisage que la privation actuelle des plaisirs de la chair.

Tel est *chaste*, qui n'est pas *continent*; et réciproquement, tel est *continent*, qui n'est pas *chaste*. La *chasteté* est de tous les temps, de tous les âges et de tous les états; la *continence* n'est que du célibat.

L'âge rend les vieillards nécessairement *continents*; il est rare qu'il les rende *chastes*.

CHEMIN, ROUTE, VOIE.

Termes relatifs à l'action de voyager. *Voie* se dit de la manière dont on voyage : *aller par la voie d'eau*, ou *par la voie de terre*. *Route*, de tous les lieux par lesquels il faut passer pour arriver d'un endroit par un autre dont on est fort éloigné. *On va de Paris à Lyon, ou par la route de Bourgogne, ou par la route du Nivernois*. *Chemin*, de l'espace même de terre sur lequel on marche pour faire sa route. *Les chemins sont gâtés par les pluies.* Si vous allez en Champagne par la *voie* de terre, votre *route* ne sera pas longue, et vous aurez un beau *chemin*. *Chemin* et *voie* s'emploient encore au figuré, on dit *faire son chemin dans le monde*, et *suivre des voies obliques*, et *verser sur la route.*

On dit le *chemin*, et la *voie* du ciel, et non la *route*; peut-être parce que l'idée de battu et de fréquenté sont du nombre de celles que *route* offre à l'esprit. *Route* et *chemin* se prennent encore d'une manière abstraite, et sans aucun rapport qu'à l'idée de voyage : *il est en route, il est en chemin* ; deux façons de parler qui désignent la même action, rapportée dans l'une à la distance des lieux parmi lesquels il faut passer, et dans l'autre au terrein même sur lequel il faut marcher.

CHOISIR, FAIRE CHOIX, ÉLIRE, OPTER, PRÉFÉRER.

Termes relatifs ou seulement au jugement que l'ame porte de différens objets, dont elle a comparé les qualités entr'elles, ou à ce jugement, ou à une action qui suit ou doit suivre ce jugement, qui la détermine à être telle ou telle. *Choisir* est relatif aux choses; *faire choix*, aux personnes.

La salubrité des lieux est un objet que le souverain ne doit point négliger quand il se *choisit* une résidence. La probité rigoureuse est une qualité essentielle dans les personnes dont il fera *choix* pour être ses ministres. *Choisir* est relatif à la comparaison des qualités; *préférer*, à l'action qui la suit. J'ai *choisi* entre beaucoup d'étoffes, mais après avoir bien examiné, j'ai donné la *préférence* à celle que vous me voyez. Le moment où l'on apperçoit l'excellence d'un objet sur un autre, est celui de la *préférence*, au moins dans l'esprit. Lorsque l'abbé Girard dit qu'on ne *choisissoit* pas toujours ce qu'on *préféroit*, et qu'on ne *préféroit* pas toujours ce qu'on *choisissoit*, il nous a paru qu'il n'opposoit pas ces deux termes par leurs véritables différences. On *préfère* toujours celui qu'on a *choisi*; on prendroit toujours celui qu'on a *préféré*; mais on n'a pas toujours ni celui qu'on a *choisi*, ni celui qu'on a *préféré*. *Choisir* ne se dit que des choses, mais *préférer* se dit et des choses, et des personnes; on peut *préférer* le velours entre les étoffes, et les caractères doux entre les autres. M. l'abbé Girard prétend que l'amour *préfère*, et ne *choisit* pas : cette pensée, ou l'opposition des acceptions *préférer* et *choisir* en ce sens nous paroît fausse. Le seul amant qui n'ait pas *choisi*, c'est celui qui n'ayant pas deux objets à comparer, n'a pu donner la *préférence*. *Opter*, c'est d'être dans la nécessité ou d'accepter, ou de refuser l'une de deux choses.

Lorsqu'il n'y a pas contrainte d'acceptation ou de refus, il peut y avoir encore un cas d'*option*; mais c'est le seul; celui où l'on n'apperçoit entre deux objets aucune raison de *préférence*. *Elire* ne se dit guère que d'un choix de personnages relatif à quelque dignité qui s'obtient à la pluralité des voix. Le souverain *choisit* ses favoris; le peuple *élit* ses maires.

CIRCONSTANCE, CONJECTURE.

Circonstance est relatif à l'action, *conjecture* est relatif au moment. La *circonstance* est une de ses particularités; la *conjecture* lui est étrangère. Elle n'a de commun avec l'action que la contemporaineté; c'est un état de choses, où des personnes coexistant à l'action, qu'il rend plus ou moins fâcheux.

CLYSTÈRE, LAVEMENT, REMÈDE.

Ces trois termes synonimes, en médecine et en pharmacie, ne sont point arrangés ici au hasard ; il le sont selon l'ordre chronologique de leur succession dans la langue.

Il y a long-temps que *clystère* ne se dit plus. *Lavement* lui a succédé ; et sous le règne de Louis XIV, l'abbé de St.-Cyran le mettoit déjà au rang des mots déshonnêtes qu'il reprochoit au P. Garasse. On a substitué de nos jours le terme de *remède* à celui de *lavement* : *remède* est équivoque ; mais c'est par cette raison même qu'il est honnête.

Clystère n'a plus lieu que dans le burlesque, et *lavement* que dans les auteurs de médecine : dans le langage ordinaire, on ne doit dire que *remède.*

COLÈRE, COURROUX, EMPORTEMENT.

Le *courroux* est la marque extérieure de la *colère*, l'*emportement* en est l'excès.

COMMETTRE, FAIRE.

Commettre marque plus de mauvaise intention que *faire* ; je dis mauvaise, parce qu'alors il ne se prend qu'en mauvaise part, au lieu que *faire* se prend en bonne et en mauvaise. On dit *faire une bonne action, faire une mauvaise action* ; mais on ne dit point *commettre* une bonne action.

CONFORMITÉ, RESSEMBLANCE.

Termes qui désignent l'existence des mêmes qualités dans plusieurs sujets différens ; mais *ressemblance* se dit des sujets intellectuels, et des sujets corporels, au lieu que *conformité* ne s'applique qu'aux objets intellectuels, et même plus souvent aux puissances qu'aux actes. Il semble qu'il ne faille que la présence d'une seule et même qualité dans deux sujets, pour faire de la *ressemblance*, au lieu qu'il faut la présence de plusieurs qualités pour faire *conformité* ; ainsi ressemblance peut s'employer presque par-tout où l'on peut se servir de *conformité*, mais il n'en est pas de même de celui-ci.

CONNEXION, CONNEXITÉ.

Termes qui énoncent également

la liaison de plusieurs objets. Le premier désigne la liaison intellectuelle de plusieurs objets de notre méditation ; le second, la liaison que les qualités existantes dans les objets, indépendamment de nos réflexions, constituent entre ces objets. Ainsi il y aura *connexion* entre des abstraits, et *connexité* entre ces objets. Les qualités et les rapports qui font la *connexité*, seront les fondemens de la *connexion*, sans quoi notre entendement mettroit dans les choses ce qui n'y est pas ; vice opposé à la bonne dialectique.

CONSEIL, AVIS, AVERTISSEMENT.

Ces mots désignent en général l'action d'instruire quelqu'un d'une chose qu'il lui importe de faire ou de savoir actuellement, eu égard aux circonstances.

On donne le *conseil* de faire une chose ; on donne *avis* qu'on l'a faite, on *avertit* qu'on la fera.

L'ami donne des *conseils* à son ami ; le supérieur des *avis* à son inférieur ; la punition d'une faute est un *avertissement* de n'y plus retomber.

On prend *conseil* de soi-même ; on reçoit une lettre d'*avis* ; on obéit à un *avertissement* de payer quelque impôt On vous *conseille* de tendre un piège à quelqu'un ; on vous donne *avis* que d'autres en ont tendu ; ce qui est un *avertissement* de vous tenir sur vos gardes.

On dit : un *conseil* d'ami, un homme de bon *conseil*, un *avis* de parens, un *avis* au public, l'*avertissement* d'un ouvrage.

L'*avis* et l'*avertissement* intéressent quelquefois celui qui les donne. Le *conseil* intéresse toujours celui qui le reçoit.

CONSENTEMENT, PERMISSION, AGRÉMENT.

Termes relatifs à la conduite que nous avons à tenir dans la plûpart des actions de la vie où nous ne sommes pas entièrement libres; et où l'évènement dépend en partie de la volonté des autres.

Le *consentement* se demande aux personnes interessées ; la *permission* se donne par les supérieurs qui ont droit de veiller sur nous, ou de disposer des occupations. Il faut avoir l'*agrément* de ceux qui ont quelque autorité, ou quelque inspection sur la chose dont il s'agit.

Nul contrat sans le *consentement* des parties; les moines ne peuvent sortir de leurs couvens sans *permission*; on n'acquiert point de charge à la cour sans l'*agrément* du souverain : on se fait quelquefois prier pour *consentir* à ce qu'on souhaite :

tel

tel supérieur refuse de *permission*, qui s'accorde à la licence. Un concurrent protégé rend quelquefois l'*agrément* impossible.

CONSÉQUENCE, CONCLUSION.

Termes qui désignent en général une dépendance d'idées dont l'une est dépendante de l'autre.

On dit la *conclusion* d'un syllogisme, la *conséquence* d'une proposition, la *conclusion* d'un ouvrage, la *conséquence* qu'on doit tirer d'une lecture.

Ces deux mots désignent en général l'attention que mérite une chose par sa quantité ou par sa qualité.

CONSIDÉRABLE, GRAND.

La collection des arrêts est un ouvrage *considérable* ; l'Esprit des

H

lois est un *grand* ouvrage. Un courtisan accrédité est un homme *considérable* ; Corneille étoit un *grand* homme. On dit de *grands* talents, et un rang *considérable*.

CONSIDÉRATION, ÉGARD, RESPECT, DÉFÉRENCE.

Termes qui distinguent en général l'attention et la retenue dont on doit user dans les procédés à l'égard de quelqu'un.

On a du *respect* pour l'autorité, des *égards* pour la foiblesse, de la *consideration* pour la personne, de la *déférence* pour un avis.

On doit du *respect* à ses supérieurs, des *égards* à ses égaux, de la *considération* aux hommes célèbres, de la *déférence* à ses amis.

Le malheur mérite du *respect*, le repentir, des *égards* ; les grandes places, de la *considération* ; les prières, de la *déférence*. On dit : J'ai des *égards*, du *respect*, de la *déférence* pour M. un tel ; et M. un tel a beaucoup de *considération*, jouit d'une grande *considération*.

CONSPIRATION, CONJURATION.

Union de plusieurs personnes dans le dessein de nuire à quelqu'un ou à quelque chose.

On dit la *conjuration* de quelques particuliers, et une *conspiration* de tous les ordres de l'État ; la *conjuration* de Catilina contre la république romaine, la *conspiration* d'une famille contre un de ses membres ; *conjuration* pour en faire régner un autre ; une *conjuration* contre l'Etat, une *conspiration* contre un courtisan. Tout *conspire* à mon bonheur ; tout semble *conjurer* ma perte.

CONSTANT, FERME, INÉBRANLABLE, INFLEXIBLE.

Ces mots désignent en général la qualité d'une ame que les circonstances ne font point changer de disposition. Les trois derniers ajoutent au premier une idée de courage, avec ses nuances différentes : que *ferme* désigne un courage qui ne s'abat point ; *inébranlable*, un courage qui résiste aux obstacles ; et *inflexible*, un courage qui ne s'amollit point.

Un homme de bien est *constant* dans l'amitié, *ferme* dans les malheurs ; et lorsqu'il s'agit de la justice, *inébranlable* aux menaces, et *inflexible* aux prières.

CONSUMER, CONSOMMER.

On dit : la victime est *consumée*, et le sacrifice est *consommé* ; ma maison est *consumée*, et mon malheur est *consommé*.

CONTE, FABLE, ROMAN.

Ces trois mots désignent des récits qui ne sont pas vrais : avec cette différence, que *fable* est un récit dont le but est moral, et dont la fausseté est souvent sensible, comme lorsqu'on fait parler des animaux ou les arbres ; que *conte* est une histoire fausse et courte qui n'a rien d'impossible, ou une *fable* sans but moral ; et *roman*, un long *conte*. On dit les *fables* de la Fontaine, les *contes* du même auteur, les *contes* de madame d'Aunoi, le *roman* de la princesse de Clèves.

Conte se dit aussi des histoires plaisantes, vraies ou fausses, que l'on fait dans la conversation ; *fable*, d'un fait historique donné pour vrai, et reconnu pour faux ; et *ro-*

man, d'une suite d'aventures singulières réellement arrivées à quelqu'un.

CONTENT, SATISFAIT, CONTENTEMENT, SATISFACTION.

Ces mots désignent en général le plaisir qu'on sent à jouir de quelque chose. Voici leurs différences. On dit une passion *satisfaite*, *content* de peu, *content* de quelqu'un. On demande *satisfaction* d'une injure ; *contentement* passe richesse. Pour être *satisfait*, il faut avoir desiré ; on peut être *content* sans avoir desiré rien.

CONTESTATION, ALTERCATION, DISPUTE, DÉBAT.

Dispute se dit ordinairement d'une conversation entre deux personnes qui diffèrent d'avis sur une même matière ; et elle se nomme *alterca-*

tion, lorsqu'il s'y mêle de l'aigreur. *Contestation* se dit d'une *dispute* entre plusieurs personnes, ou entre deux personnes considérables, sur un objet important, ou entre deux particuliers pour une affaire judiciaire. *Débat* est une *contestation* tumultueuse entre plusieurs personnes.

La *dispute* ne doit jamais dégénérer en *altercation*. Les rois de France et d'Angleterre sont en *contestation* sur tel article d'un traité. Il y a eu au concile de Trente, de grandes *contestations* sur la résidence. Pierre et Jacques sont en *contestation* sur les limites de leurs terres. Le parlement d'Angleterre est sujet à de grands *débats*.

CONTIGU, PROCHE.

Ces mots désignent en général le voisinage ; mais le premier s'applique principalement au voisinage d'objets considérables, et désigne de plus un voisinage immédiat : ces deux terres sont *contiguës* ; ces deux arbres sont *proches* l'un de l'autre.

CONTINUATION, SUITE.

Termes qui désignent la liaison et le rapport d'une chose avec ce qui la précède.

On donne la *continuation* de l'ouvrage d'un autre, et la *suite* du sien. On dit la *continuation* d'une vente, et la *suite* d'un procès. On *continue* ce qui n'est pas achevé ; on donne une *suite* à ce qui l'est.

CONTRAINDRE, OBLIGER, FORCER.

Termes qui désignent en général quelque chose que l'on fait contre son gré. On dit : le *respect* me *force* à me taire, la reconnoissance m'y *oblige*, l'autorité m'y contraint. Le mérite *oblige* les indifférens à l'estimer, il y *force* un rival juste, il y *contraint* l'envie. On dit une fête d'*obligation*, un consentement *forcé*, une attitude *contraire*, en parlant d'une attitude naturellement et habituellement gênée et une attitude *forcée*, en parlant d'une attitude gênée par quelque cause particulière et passagère. On se *contraint* soi-même, on *force* un poste, et on *oblige* l'ennemi d'en décamper.

CONTRAIRE, OPPOSÉ.

Le nord est *opposé* au midi, les navigateurs ont souvent le vent *contraire*.

CONTRAVENTION, DÉSOBÉISSANCE.

Ces termes désignent en général l'action de s'écarter d'une chose qui est commandée.

La *contravention* est aux choses; la *désobéissance*, aux personnes; la *contravention* à un réglement est une *désobéissance* au souverain.

Contravention suppose une loi juste; la *désobéissance* est quelquefois légitime.

CONVERSATION, ENTRETIEN.

Ces deux mots désignent en général un discours mutuel entre deux ou plusieurs personnes, avec cette différence que *conversation* se dit en général de quelque discours mutuel que ce puisse être; au lieu qu'*entretien* se dit d'un discours mutuel qui roule sur quelque objet déterminé. Ainsi on dit qu'un homme est de bonne *conversation*, pour dire qu'il parle bien des différens objets sur lesquels on lui donne lieu de parler ; on ne dit pas qu'il est de bon *entretien*. On se sert du mot *entretien*, quand le discours roule sur une matière importante ; on dit, par exemple : ces deux princes ont eu ensemble un *entretien* sur les moyens de faire la paix entr'eux.

Entretien se dit pour l'ordinaire des *conversations* imprimées, à moins que le sujet de la *conversation* ne soit pas sérieux ; on dit les *entretiens* de Cicéron sur la nature des Dieux, et la *conversation* du P. Canaye avec le maréchal d'Hoquincourt : *dialogue* est propre aux *conversations* dramatiques, et *colloque*, aux *conversations* polémiques et publiques, qui ont pour objet des matières de doctrine, comme le *colloque* de Poissy. Lorsque plusieurs personnes, sur-tout au nombre de deux, sont rassemblées et parlent entr'elles, on dit qu'elles sont en *conversation*, et non pas en *entretien*.

CONVICTION, PERSUASION.

Quoique ces deux mots s'emploient souvent l'un pour l'autre, ils ont pourtant des nuances qui les distinguent. La *conviction* tient plus à l'esprit, la *persuasion* au cœur ; ainsi l'on dit que l'orateur doit non-seulement *convaincre*, c'est-à-dire, prouver ce qu'il avance, mais encore *persuader*, c'est-à-dire, toucher et émouvoir. La *conviction* suppose des preuves : *je ne pouvois croire telle chose ; il m'en a donné tant de preuves qu'il m'en a convaincu*. La *persuasion* n'en suppose pas toujours : la bonne opinion que j'ai de vous suffit pour me *persuader* que vous ne me trompez pas. On se *persuade* aisément ce qui fait plaisir; on est quelquefois très-fâché d'être *convaincu* de ce que l'on ne vouloit pas croire. On dit : Je suis *persuadé* de votre amitié, et bien convaincu de sa haîne.

On *persuade* à quelqu'un de faire une chose, on le *convainc* de l'avoir faite ; mais, dans ce dernier cas, *convaincre* ne se prend jamais qu'en mauvaise part : cet assassin a été *convaincu* de son crime ; les scélérats avec qui il vivoit, lui avoient *persuadé* de le commettre.

___

COPIEUSEMENT, ABONDAMMENT, BEAUCOUP, BIEN.

Adverbes relatifs à la quantité ; *bien* à la quantité du qualificatif, ou au degré de la qualité. *Il faut être bien vertueux, ou bien froid, pour résister à une jolie femme.* On peut mettre bien de la sagesse dans ses discours, et bien de la folie dans ses actions.

Beaucoup a la quantité ou numérique, ou commenserale, ou considérée comme telle. *Beaucoup de gens n'aiment point, ne sont point aimés, et se vantent cependant d'avoir beaucoup d'amis. On ne peut avoir beaucoup de prétentions sans rencontrer beaucoup d'obstacles.*

Abondamment a la qualité des substances destinées aux besoins de la vie. *La fourmi ne sème point et recueille abondamment.* Il se joint ici à la quantité de la chose une idée accessoire de l'usage.

Copieusement est presque tecnique, et ne s'emploie que quand il s'agit des fonctions animales. *Ce malade a été sauvé par une évacuation de bile très-copieuse.*

La quantité à laquelle *beaucoup* a du rapport, est considérée comme susceptible de mesure; c'est pourquoi l'on dit *beaucoup* de dévotion, d'où l'on voit encore que *beaucoup* exclut l'article *le*, et que *bien* l'exige; car on dit aussi *bien* de l'humeur.

COURT, BREF, SUCCINT.

Termes relatifs à la quantité; *bref* à la quantité du temps; *court*, de l'espace et du temps, *succint*, de l'expression. La prononciation d'une syllabe est *brève* ou longue, un discours est diffus ou *succint*, un article est *court* ou long.

COUTUME, USAGE.

Ces mots désignent en général l'habitude de faire.

On dit les *usages* d'un corps, et la coutume du pays. On dit encore avoir *coutume* de faire une chose, et être dans l'*usage* de la faire : telle personne a de l'*usage* ; tel mot n'est pas du bel *usage*.

COUTUME, HABITUDE.

Termes relatifs à des états auxquels notre ame ne parvient guères qu'avec le temps. La *coutume* concerne l'objet, elle le rend familier ; l'*habitude* à rapport à l'action, elle la rend facile. Un ouvrage auquel on est accoutumé coûte moins de peine ; ce qui est tourné en *habitude* se fait quelquefois involontairement. On s'accoutume aux visages les plus désagréables, par l'*habitude* de les voir. La *coutume*, ou plutôt l'*accoutumance* naît de l'uniformité, et l'*habitude* de la répétition.

COUVERT, A COUVERT, A L'ABRI.

A couvert présente l'idée d'un

voile qui dérobe ; *à l'abri*, l'idée d'un rempart qui défend. On se met *à couvert* du soleil, et *à l'abri* du mauvais temps. On a beau s'enfoncer dans l'obscurité, rien ne met *à couvert* des poursuites de la méchanceté, rien ne met *à l'abri* des traits de l'envie.

CRI, CLAMEUR.

Le dernier de ces mots ajoute à l'idée de ridicule par son objet, ou par son excès. Le sage respecte le *cri* public, et méprise les *clameurs* des sots.

CRIME, FAUTE, PÉCHÉ, DÉLIT, FORFAIT.

Faute est le mot générique, avec cette restriction cependant qu'il signifie moins que les autres, quand on n'y joint point d'épithète aggravante. *Péché* est une *faute* contre la loi divine ; *délit* est une *faute* contre la loi humaine ; *crime* est une *faute* humaine ; *forfait* ajoute encore à l'idée du *crime*, soit par la qualité, soit par la quantité ; car *forfait* se prend encore plus souvent au pluriel qu'au singulier. J'ai puni ses *forfaits*.

CRITIQUE, CENSURE.

Critique s'applique aux ouvrages littéraires ; *censure*, aux ouvrages théologiques, ou aux propositions de doctrine, ou aux mœurs.

D'AILLEURS, DE PLUS, OUTRE CELA.

Ces mots désignent en général le surcroît ou l'augmentation. Voici une phrase où l'on verra leurs différens emplois : Un particulier vient d'acquérir, par la succession d'un de ses parens, dix mille écus *de plus* qu'il n'avoit; *outre cela* il a encore hérité *d'ailleurs* d'une très-belle terre.

DAM, DOMMAGE, PERTE.

Le premier de ces mots n'est plus guère en usage que parmi les théologiens, pour signifier la peine que les damnés souffriront, disent-ils, par la privation de la vue de Dieu, ce qu'ils appellent la peine du *dam;* et *dommage* diffère de *perte*, en ce que le premier désigne une privation qui n'est pas totale. Exemple : La *perte de la moitié de mon revenu me causeroit un dommage considérable.*

DANGER, PÉRIL, RISQUE.

Danger regarde le mal qui peut arriver; *péril* et *risque* regardent le bien qu'on peut perdre, avec cette différence que *péril* dit quelque chose de plus prochain, et que *risque* indique d'une façon plus éloignée la possibilité de l'évènement. De-là ces expressions, en *danger* de mort, au *péril* de la vie, sauf à en courir les *risques*.

Le soldat qui a l'honneur en recommandation, ne craint point le *danger*, s'expose au *péril*, et court tranquillement tous les *risques* du métier.

Ces trois mots désignent la situation de quelqu'un qui est menacé de quelque malheur ; avec cette différence que *péril* s'applique principalement au cas où la vie est intéressée, et *risque*, au cas où l'on a lieu de craindre un mal comme d'espérer un bien. Exemple : Un général court le *risque* d'une bataille pour se tirer d'un mauvais pas, et il est en grand *danger* de la perdre, si ses soldats sont effrayés à la vue du *péril*.

DANS, EN.

Ces deux mots diffèrent en ce que le second n'est jamais suivi des articles *le la*, et que le premier ne se met jamais devant un mot dont l'article est retranché, quoiqu'il puisse se mettre devant un mot qui ne comporte point d'article ; on dit : Je suis *en* peine, je suis *dans* la peine; je suis *dans* Paris, je suis *en* France ; je suis *dans* les charges, je suis *en* charge.

DÉBAUCHE, CRAPULE, VOLUPTÉ.

La *crapule* est l'opposé de la *volupté*. La *volupté* suppose beaucoup de choix dans les objets, et même de la modération dans la jouissance. La *débauche* suppose le même choix dans les objets, mais nulle modération dans la jouissance, la *crapule* exclut l'un et l'autre.

DÉBRIS, DÉCOMBRES, RUINES.

Ces trois mots signifient en général les restes dispersés d'une chose détruite ; avec cette différence que les deux derniers ne s'appliquent qu'aux édifices, et que le troisième suppose même que l'édifice ou les édifices détruits soient considérables. On dit les *débris* d'un vaisseau, les *décombres* d'un bâtiment, les *ruines* d'un palais ou d'une ville ; *décombres* ne se dit jamais qu'au propre, *débris* et *ruines* se disent souvent au figuré : les *débris* d'une fortune brillante, la *ruine* d'un particulier, de l'Etat, etc. s'élever sur les *ruines* de quelqu'un, etc.

DÉCADENCE, RUINE.

Ces deux mots difèrent en ce que le premier prépare le second, qui en est ordinairement l'effet.

La *décadence* de l'Empire Romain, depuis Théodose, annonçoit sa *ruine* totale. On dit aussi des arts qu'ils tombent en *décadence*; et d'une maison, qu'elle tombe en *ruine*.

DÉCÉLER, DÉCOUVRIR, MANIFESTER, RÉVÉLER.

Ces mots désignent, en général, l'action de faire connoître ce qui est caché. Voici les nuances qui les distinguent. On *découvre* son secret, on *révèle* celui des autres, on *manifeste* ses vertus, on *décèle* ses vices.

DÉCENCE, DIGNITÉ, GRAVITÉ.

Ils diffèrent entr'eux en ce que la *décence* renferme les égards que l'on doit au public ; la *dignité*, ceux qu'on doit à sa place ; et la *gravité*, ceux qu'on se doit à soi-même.

DÉCIDER, JUGER.

Ces mots désignent, en général, l'action de prendre son parti sur une opinion douteuse ou réputée telle. Voici les nuances qui les distinguent :

On *décide* une contestation et une question ; on juge une personne et un ouvrage. Les particuliers et les arbitres *décident* ; le corps et les magistrats *jugent*. On *décide* quelqu'un à prendre un parti ; on *juge* qu'il en prendra un.

Décider diffère aussi de *juger*,

en ce que ce dernier désigne simplement l'action de l'esprit, qui prend son parti sur une chose après l'avoir examinée, et qui prend ce parti pour lui seul, souvent même sans le communiquer aux autres; au lieu que décider suppose un avis prononcé, souvent même sans examen. On peut dire en ce sens que les journalistes *décident*, et que les connoisseurs *jugent*.

DÉCOUVERTE, INVENTION.

On peut nommer ainsi, en général, tout ce qui se trouve de nouveau dans les arts et dans les sciences. Cependant on n'applique guères le nom de *découverte* et on ne doit même l'appliquer qu'à ce qui est non-seulement nouveau, mais en même-temps curieux, utile ou difficile à trouver, et qui, par conséquent, a un certain dégré d'importance. On appelle seulement *invention*, ce que l'on trouve de nouveau, et qui n'a pas l'un de ces trois caractères d'importance.

DÉCOUVRIR, TROUVER.

Ces mots signifient, en général, acquérir par soi-même la connoissance d'une chose qui est cachée aux autres. Voici les nuances qui les distinguent.

En cherchant à *découvrir*, en matière de science, ce qu'on cherche, on *trouve* souvent ce qu'on ne cherchoit pas. Nous *découvrons* ce qui est hors de nous ; nous *trouvons* ce qui n'est proprement que dans notre entendement, et qui dépend uniquement de lui : ainsi on *découvre* un phénomène de physique, on trouve la solution d'une difficulté.

Trouver se dit aussi de ce que plusieurs personnes cherchent, et *dé-*

couvrir, de celles qui ne sont cherchées que par un seul. C'est pour cela qu'on dit *trouver* la pierre philosophale, les longitudes, le mouvement perpétuel, et non pas les *découvrir* : on peut dire en ce sens que Newton a *trouvé* le systême du monde, qu'il a *découvert* la gravitation universelle ; parce que le systême du monde a été cherché par tous les philosophes ; et que la gravitation est le moyen particulier dont Newton s'est servi pour y parvenir.

Découvrir se dit aussi, lorsque ce que l'on cherche a beaucoup d'importance ; et *trouver*, lorsque l'importance est moindre. Ainsi en mathématique et dans les autres sciences, on doit se servir du mot de *découvrir*, lorsqu'il est question de propositions et de méthodes générales ; et du mot *trouver*, lorsqu'il est question de propositions et de méthodes particulières, dont l'usage est moins étendu.

On dit aussi : tel navigateur a *découvert* un tel pays, et il y a trouvé des habitans.

DÉFAITE, DÉROUTE.

Ces mots désignent la perte d'une bataille, faite par une armée; avec cette différence que *déroute* ajoute à *défaite*, et désigne une armée qui fuit en désordre et qui est totalement dispersée.

DÉFENDRE, SOUTENIR, PROTÉGER.

Ces trois mots signifient en général l'action de mettre quelqu'un ou quelque chose à couvert du mal qu'on lui fait, ou qui peut lui arriver.

On *défend* ce qui est attaqué; on

soutient ce qui peut l'être ; on *protége* ce qui a besoin d'être encouragé.

Un souverain sage et puissant doit *protéger* le commerce dans ses Etats, le *soutenir* contre les étrangers, et le *défendre* contre ses ennemis. On dit, *défendre* une cause, *soutenir* une entreprise, *protéger* les sciences et les arts. On est *protégé* par ses supérieurs, on peut être *défendu* et *soutenu* par ses égaux; on est *protégé* par les autres ; on peut se *défendre* et se *soutenir* par soi-même.

Protéger suppose de la puissance, et ne demande point d'action ; *défendre* et *soutenir* en demandent, mais le premier suppose une action plus marquée.

DÉFENDU, PROHIBÉ.

Ces deux mots désignent, en général, une chose qu'il n'est pas permis de faire, en conséquence d'un ordre ou d'une loi positive. Ils diffèrent en ce que *prohibé* ne se dit guère que des choses qui sont *défendues* par une loi humaine et de police.

La fornication est *défendue*; et la contrebande *prohibée*.

DÉGUISEMENT, TRAVESTISSEMENT.

Ces deux mots désignent, en général, un habillement extraordinaire, différent de celui qu'on a coutume de porter : voici les nuances qui les distinguent :

Il semble que *déguisement* suppose une difficulté d'être reconnu, et que *travestissement* suppose seulement l'intention de ne l'être pas, ou même seulement l'intention de s'habiller autrement qu'on n'a coutume.

On dit d'une personne qui est au bal, qu'elle est *déguisée;* et d'un magistrat habillé en homme d'épée, qu'il est *travesti.*

D'ailleurs *déguisement* s'emploie quelquefois au figuré, et jamais *travestissement.*

DÉLICAT, DÉLIÉ.

Une pensée est *délicate*, lorsque les idées en sont liées entr'elles par des rapports peu communs qu'on n'apperçoit pas d'abord, quoiqu'ils ne soient point éloignés, qui causent une surprise agréable, qui réveillent adroitement des idées accessoires et secrètes de vertu, d'honnêteté, de bienveillance, de volupté, de plaisir. Une expression est *délicate*, lorsqu'elle rend l'idée clairement, mais qu'elle est empruntée par métaphore d'objets écartés, que nous voyons avec surprise et plaisir rapprochés tout d'un coup avec habileté.

Un esprit *délié* est un esprit propre aux affaires épineuses, fertile en expédiens, insinuant, fin, souple, caché. Un discours *délié*, est celui dont on ne démêle pas du premier coup-d'œil l'artifice et la fin.

Il ne faut pas confondre le *délié* avec le *délicat* : les gens *délicats* sont assez souvent *déliés* ; mais les gens *déliés* sont rarement *délicats*.

Répandez sur un discours *délié* la nuance du sentiment, et vous le rendrez *délicat* : supposez à celui qui tient un discours *délicat*, quelque vue intéressée et secrète, et vous en ferez à l'instant un homme *délié*.

DÉLIVRER, AFFRANCHIR.

Au simple, on *affranchit* un esclave, on *délivre* un captif; au figuré, on s'*affranchit* de la tyrannie des grands ; on se *délivre* de l'importunité des sots.

Affranchir marque plus d'effort que d'adresse, *délivrer* marque au contraire plus d'adresse que d'effort; ils ont rapport tous les deux à une action qui nous tire, ou nous-mêmes, ou les autres, d'une situation pénible ou de corps, ou d'esprit.

DEMANDE, QUESTION.

Ces deux mots signifient, en général, une proposition par laquelle on interroge : voici les nuances qui les distinguent :

Question se dit principalement en matière de doctrine ; une *question* de physique, de théologie : *demande*, lorsqu'il signifie *interrogation*, ne s'emploie guères que quand le mot de *réponse* y est joint. Ainsi on dit, tel livre est par *demandes* et par *réponses*. Remarquez que nous ne prenons ici *demande* que dans le sens d'*interrogation* ; car dans tout autre cas, sa différence avec *question* est trop aisée à voir.

DÉMANTELER, RASER, DÉMOLIR.

Ces mots désignent, en général, la destruction d'un ou de plusieurs édifices : voici les nuances qui les distinguent. *Démolir* signifie simplement détruire ; *raser* et *démanteler* signifient détruire par punition ; et *démanteler* ajoute une idée de force à ce qu'on a détruit. Un particulier fait *démolir* sa maison, le parlement fit *raser* la maison de Jean Chatel ; ce général a fait *démanteler* cette place, après l'avoir prise.

DÉMETTRE (SE), ABDIQUER.

Ces mots signifient, en général, quitter un emploi, une charge; avec cette différence qu'*abdiquer* ne se dit guères que des postes considérables, et suppose de plus un abandon volontaire; au lieu que *se démettre* peut être forcé, et peut aussi s'appliquer aux petites places. Exemples: Christine, reine de Suède, a *abdiqué* la couronne; on a forcé ce prince à *se démettre* de la royauté; M. un tel s'est démi de son emploi en faveur de son fils.

DÉMONSTRATION, TÉMOIGNAGE D'AMITIÉ.

Ces deux mots sont synonimes, avec cette différence d'usage bizarre, que le premier dit moins que le second. Le P. Bouhours en a fait autrefois la remarque, et le temps n'a point encore changé l'application impropre de ces deux termes. En effet, les *démonstrations* en matière d'amitié tombent plus sur l'extérieur, l'air du visage, les caresses; elles désignent seulement des manières, des paroles flatteuses, un accueil obligeant. Les *témoignages*, au contraire, vont plus à l'intérieur, au solide, à des services essentiels, et semblent appartenir au cœur. Ainsi un faux ami fait des *démonstrations d'amitié*; un véritable ami en donne des *témoignages*; ce sont des *démonstrations d'amitié* d'embrasser les personnes avec qui l'on vit, de les accueillir obligeamment, de les flatter, de les caresser; ce sont des *témoignages d'amitié*, de les servir, de prendre leurs intérêts, et de les secourir dans leurs besoins. Rien de plus commun dans le monde que des *démonstrations d'amitié*, rien de plus rare

rare que des *témoignages* : En un mot, les *démonstrations d'amitié* ne sont que de vaines montres d'attachement, d'affection, les *témoignages* en sont des gages, mais l'union des cœurs constitue seule la parfaite amitié.

DÉMONTRER, PROUVER.

Démontrer, c'est *prouver* par la voie du raisonnement, par des conséquences nécessaires d'un principe évident. *Prouver*, c'est établir la vérité d'une chose par des preuves de fait, ou de raisonnement, par un témoignage incontestable de pièces justificatives. On ne *démontre* point les faits, on ne *démontre* que les propositions; mais on *prouve* les propositions et les faits. Le géomètre *démontre*, le physicien ne *démontre* pas; il *prouve* seulement : c'est que les vérités physiques sont des phénomênes qui se *montrent* et ne se *démontrent* pas, ou bien que les vérités géométriques sont des propositions qui se *démontrent* sans se *montrer*. On *prouve* tout ce qu'on démontre, mais on ne *démontre* pas tout ce que l'on prouve.

DÉNONCIATEUR, ACCUSATEUR, DÉLATEUR.

Termes relatifs à une même action faite par différens motifs : celle de révéler à un supérieur une chose dont il doit être offensé, et qu'il doit punir. L'attachement sévère à la loi semble être le motif du *dénonciateur* ; un sentiment d'honneur, ou un mouvement raisonnable de vengeance, ou de quelqu'autre passion, celui de *l'accusateur* ; un mouvement bas, mercenaire et servile ou une méchanceté qui se plaît à faire le mal, sans qu'il en revienne aucun bien, celui de *délateur*.

On est porté à croire que le *délateur* est un homme vendu ; l'*accusateur*, un homme irrité ; le *dénonciateur*, un homme indigné. Quoique ces trois personnages soient également odieux aux yeux du peuple, il est des occasions où le philosophe ne peut s'empêcher de louer le *dénonciateur* et d'approuver l'*accusateur* ; le *délateur* lui paroît méprisable dans toutes ; il a fallu que le *dénonciateur* surmontât le préjugé pour *dénoncer* ; il faudroit que l'*accusateur* vainquît sa passion, et quelquefois le préjugé pour ne point *accuser* ; on n'est point *délateur*, tant qu'on a dans l'ame une ombre d'élévation, d'honnêteté, de dignité.

DÉPUTÉ, AMBASSADEUR, ENVOYÉ.

L'*ambassadeur* et l'*envoyé* parlent au nom d'un souverain, dont l'*ambassadeur* représente la personne, et dont l'*envoyé* n'explique que les sentimens. Le *député* n'est que l'interprête et le représentant d'un corps particulier, ou d'une société subalterne. Le titre d'*ambassadeur* se présente à notre esprit avec l'idée de magnificence ; celui d'*envoyé* avec l'idée d'habileté, et celui de *député* avec l'idée de l'élection. On dit le *député* d'un chapitre, l'*envoyé* d'une république, et l'*ambassadeur* d'un souverain.

DÉSHONNÊTE, MALHONNÊTE.

Le premier est contre la pureté, le second est contre la civilité, et quelquefois contre la droiture : par exemple, un jeune homme *malhonnête* signifie un jeune homme qui pêche contre l'usage du monde, et un *malhonnête* homme désigne un homme qui manque à la probité; de même des actions, des manières *malhonnêtes*, sont des actions, des manières qui choquent la bienséance ou la probité naturelle. Des pensées, des paroles *déshonnêtes*, sont des pensées, des paroles qui blessent la chasteté et la pudeur.

DESIR, SOUHAIT.

Ces mots désignent, en général, le sentiment par lequel nous aspirons à quelque chose, avec cette différence que *desir* ajoute un degré de vivacité à l'idée de *souhait*, et que *souhait* est quelquefois uniquement de compliment et de politesse: ainsi, on dit les *desirs* d'une ame chrétienne, les *souhaits* de la nouvelle année, etc.

DICTIONNAIRE, VOCABULAIRE, GLOSSAIRE.

Ces mots signifient, en général, tout ouvrage où un grand nombre de mots sont rangés suivant un certain ordre, pour les retrouver plus facilement lorsqu'on en a besoin ; mais il y a cette différence :

1°. Que *vocabulaire* et *glossaire* ne s'appliquent guères qu'à de purs *dictionnaires* de mots, au-lieu que *dictionnaire* en général comprend, non-seulement les *dictionnaires* de langues, mais encore les *dictionnaires* historiques, et ceux de sciences et d'arts ;

2°. Que dans un *vocabulaire* les mots peuvent n'être pas distribués par ordre alphabétique, et peuvent même n'être pas expliqués. Par exemple, si on vouloit faire un ouvrage qui contînt tous les termes d'une science ou d'un art, rapportés à différens termes généraux, dans un ordre différent de l'ordre alphabétique, et dans la vue de faire seulement l'énumération de ces termes sans les expliquer, ce seroit un *vocabulaire*. C'en seroit même encore un, à proprement parler, si l'ouvrage étoit par ordre alphabétique, et avec explication des termes, pourvu que l'explication fût très-courte, presque toujours en un seul mot, et non raisonnée.

3°. A l'égard du mot *glossaire*, il ne s'applique guères qu'aux *dictionnaires* de mots peu connus, barbares ou surannés : tel est le *glossaire* du savant M. Ducange, *ad scriptores mediæ et infirmæ latinitatis*, et le *glossaire* du même auteur pour la langue grecque.

DIFFÉRENCE, INÉGALITÉ, DISPARITÉ.

Termes relatifs à ce qui nous fait distinguer de la supériorité, ou de l'infériorité entre des êtres que nous comparons.

Le terme *différence* s'étend à tout ce qui les distingue ; c'est un genre dont l'*inégalité* et la *disparité* sont des espèces. L'*inégalité* semble marquer la *différence* en quantité ; et la *disparité*, la *différence* en qualité.

DOCTE, SAVANT.

Docte se dit lorsqu'il est question des matières d'érudition, et se dit des personnes plutôt que des ouvrages. *Savant* s'applique également aux matières d'érudition, et aux matières de science proprement dite, et se dit également des personnes et des ouvrages. Ainsi on dit un *docte* antiquaire, un *savant* géomètre, une *savante* dissertation sur quelque point de physique, de littérature, etc. *Savant* s'étend encore à d'autres objets, auxquels le mot *docte* ne peut s'appliquer : ainsi on dit d'un grand prince, qu'il est *savant*, et non qu'il est *docte* en l'art de régner.

DON, PRÉSENT.

Ces deux mots signifient ce qu'on donne à quelqu'un sans y être obligé. Le *présent* est moins considérable que le *don*, et se fait à des personnes moins considérables, excepté dans un cas dont nous parlerons tout-à-l'heure.

Ainsi on dira d'un prince qu'il a fait *don* de ses États à un autre, et non qu'il lui en a fait *présent*. Par la même raison un prince fait à ses sujets des *présens*; et les sujets font quelquefois des *dons* au prince, comme les *dons gratuits* du clergé et des états. Les princes se font des *présens* les uns aux autres par leurs ambassadeurs. Deux personnes se font par contrat un *don* mutuel de leurs biens.

On dira au figuré, le *don* des langues, le *don* des larmes, etc. et en général tout ce qui vient de Dieu s'appelle *don* de Dieu ; c'est une exception à la règle générale.

On dit des talens de l'esprit et du corps, qu'ils sont un *don* de la nature ; et des biens de la terre, qu'ils sont des *présens*. On dit, les *dons* de Cérès et de Pomone, et les *présens* de Flore ; parce que les premiers sont de nécessité plus absolue, et les autres de pur agrément.

―――――

DOULEUR, CHAGRIN, TRISTESSE
AFFLICTION, DÉSOLATION.

Ces mots désignent, en général,

la situation d'une ame qui souffre. *Douleur* se dit également des sensations désagréables du corps, et des peines de l'esprit ou du cœur : les quatre autres ne se disent que de ces dernières. De plus, *tristesse* diffère de *chagrin*, en ce que le *chagrin* peut être intérieur, et que la *tristesse* se laisse voir au-dehors. La *tristesse* d'ailleurs peut être dans le caractère ou dans la disposition habituelle, sans aucun objet ; et le *chagrin* a toujours un sujet particulier.

L'idée d'*affliction* ajoute à celle de *tristesse* ; celle de *douleur*, à celle d'*affliction* ; et celle de *désolation*, à celle de *douleur*.

Chagrin, *tristesse* et *affliction*, ne se disent guères en parlant de la *douleur* d'un peuple entier, surtout le premier de ces mots. *Affliction* et *désolation* ne se disent guères en poésie, quoique *affligé* et *désolé* s'y disent très-bien. *Chagrin*, en poësie, surtout lorsqu'il est au pluriel, signifie plutôt *inquiétude* et *souci*, que *tristesse* apparente ou cachée.

DOUTEUX, INCERTAIN, IRRÉSOLU.

Douteux ne se dit que des choses; *incertain* se dit des choses et des personnes; *irrésolu* ne se dit que des personnes, il marque de plus une disposition habituelle, et tient au caractère.

Le sage doit être *incertain* à l'égard des opinions *douteuses*, et ne jamais être *irrésolu* dans sa conduite. On dit d'un fait légèrement avancé, qu'il est *douteux*; et d'un bonheur légèrement espéré, qu'il est *incertain* : ainsi, *incertain* se rapporte à l'avenir ; et *douteux*, au passé ou au présent.

DURÉE,

DURÉE, TEMPS.

Ces mots diffèrent en ce que la *durée* se rapporte aux choses, et le *temps*, aux personnes. On dit, la *durée* d'une action et le *temps* qu'on met à la faire.

La *durée* a aussi rapport au commencement et à la fin de quelque chose, et désigne l'espace écoulé entre le commencement et cette fin ; et le *temps* désigne seulement quelque partie de cet espace d'une manière vague. Ainsi on dit en parlant d'un prince, que la *durée* de son règne a été de tant d'années, et qu'il est arrivé tel évènement pendant le *temps* de son règne ; que la *durée* de son règne a été courte, que le *temps* a été heureux pour ses sujets.

ÉBAUCHE, ESQUISSE.

L'*ébauche* est la première forme

M

qu'on a donnée à un ouvrage : l'*esquisse* n'est qu'un modèle incorrect de l'ouvrage même, qu'on a tracé légèrement, qui ne contient que l'esprit de l'ouvrage qu'on se propose d'éxécuter, et qui ne montre aux connoisseurs que la pensée de l'ouvrier.

Donnez à l'*esquisse* toute la perfection possible, et vous en ferez un modèle achevé : donnez à l'*ébauche* toute la perfection possible, et l'ouvrage même sera fini.

Ainsi, quand on dit d'un tableau, j'en ai vu l'*esquisse*; on fait entendre qu'on en a vu le premier trait au crayon, que le peintre avoit jeté sur le papier; et quand on dit, j'en ai vu l'*ébauche*; on fait entendre qu'on a vu le commencement de son exécution en couleur, que le peintre avoit formé sur la toile.

D'ailleurs le mot d'*esquisse* ne s'emploie guères que dans les arts où l'on parle du modèle de l'ouvrage ; au lieu que celui d'*ébauche* est plus général, puisquil est applicable à tout ouvrage commencé, et qui doit s'avancer de l'état d'*ébauche* à celui de perfection.

Esquisse dit toujours moins qu'*ébauche* ; quoiqu'il soit peut-être moins facile de juger de l'ouvrage sur l'*ébauche* que sur l'*esquisse*.

ÉBULITION, EFFERVESCENCE, FERMENTATION.

Ces trois termes techniques ne sont point synonimes, quoiqu'on les confonde souvent. On appelle en chymie *ébullition*, lorsque deux matières en se pénétrant font paroître des bulles d'air, comme il arrive dans la dissolution de certains sels par les acides. On nomme *effervescence*, lorsque deux matières qui se pénétrent produisent de la chaleur, comme il arrive dans presque tous les mélanges des acides et des alkalis, et dans la plupart des dissolutions minérales. On appelle enfin *fermentation*, lorsque dans un mixte, il se fait naturellement une séparation de la matière sulphureuse avec la saline, ou lorsque par la conjonction de ces deux matières, il se compose naturellement un autre mixte.

La raison pourquoi on a confondu ces trois actions sous le nom de *fermentation*, est que les *fermentations* s'échauffent ordinairement, en quoi elles ressemblent aux *effervescences*, et qu'elles sont presque toujours accompagnées de quelque gonflement, en quoi elles ressemblent aux *ébullitions*.

ÉCARTER, ÉLOIGNER, SÉPARER,

On *éloigne* sans effort un objet d'un autre ; *écarter* semble supposer quelque lien qui donne de la peine à rompre ; *éloigner* marque une distance plus considérable qu'*écarter*. On *sépare* les choses mêlées, ou du moins unies, et l'on n'a aucun égard à la distance. Les choses peuvent être *séparées* et contiguës.

ÉCARTER, METTRE A L'ÉCART, ÉLOIGNER.

Ces trois verbes ont rapport à l'action par laquelle on cherche à faire disparoître quelque chose de sa vue, ou à en détourner son attention. *Éloigner* est plus fort qu'*écarter*, et *écarter* que *mettre à l'écart*. Un prince doit *éloigner* de lui les malhonnêtes gens, et en *écarter* les flatteurs. On *écarte* ce dont on veut se débarasser pour toujours ; on met à l'*écart* ce qu'on veut rejeter, ou ce qu'on veut reprendre ensuite. Un juge doit *écarter* toute prévention, et *mettre* tout sentiment personnel a *l'écart.*

ÉCHANGER, TROQUER, PERMUTER.

Ces trois mots désignent l'action de donner une chose pour une autre, pourvu que l'une des deux choses données ne soit pas de l'argent; car en ce cas, il y a vente ou achat.

On *échange* les ratifications d'un traité; on *troque* des marchandises; on *permute* des bénéfices.

Echanger est du style noble; *troquer*, du style ordinaire et familier; *permuter*, du style du palais.

ÉCHAPPÉ.

Ces mots est *échappé*, *a échappé*, ne sont nullement synonimes. Le premier marque une chose faite par inadvertance : le second une chose non faite par inadvertance, ou par oubli. Ce mot m'est *échappé*, c'est-à-dire, j'ai prononcé ce mot sans y prendre garde; ce que je voulois vous dire m'a *échappé*, c'est-à-dire, j'ai oublié de vous le dire, ou, dans un autre sens, j'ai oublié ce que je voulois vous dire.

ÉCLAIRCIR, EXPLIQUER, DÉVELOPPER.

On éclaircit ce qui est obscur, parce que les idées y sont mal présentées. On *explique* ce qui est difficile à entendre, parce que les idées n'y sont pas assez immédiatement déduites les unes des autres. On *développe* ce qui renferme plusieurs idées réellement exprimées, mais d'une manière si serrées, qu'elles ne peuvent être saisies d'un coup-d'œil.

ÉCLAIRÉ, CLAIRVOYANT.

Termes relatifs aux lumières de l'esprit ; *éclairé* se dit des lumières acquises ; *clairvoyant*, des lumières naturelles. Ces deux qualités sont entr'elles, comme la science et la pénétration ; il y a des occasions où toute la pénétration possible ne suggère point le parti qu'il convient de prendre ; alors ce n'est pas assez d'être *clairvoyant*, il faut être *éclairé*, et réciproquement il y a des circonstances où toute la science possible laisse dans l'incertitude, alors ce n'est pas assez d'être *éclairé*, il faut être *clairvoyant*.

Il faut être *éclairé* dans la matière des faits passés, des lois prescrites et autres semblables qui ne sont point abandonnées à notre conjecture.

Il faut être *clairvoyant* dans tous les cas où il s'agit de probabilité, et où la conjecture a lieu. L'homme *éclairé* sait ce qui se fait; l'homme *clairvoyant* devine ce qui se fera. L'un a beaucoup lu dans les livres, l'autre sait lire dans les têtes; l'homme *éclairé* se décide par des autorités; l'homme *clairvoyant*, par des raisons.

Il y a cette différence entre l'homme instruit et l'homme *éclairé*, que l'homme instruit connoît les choses, et que l'homme *éclairé* en sait encore faire une application convenable; mais ils ont de commun que les connoissances acquises sont toujours la base de leur mérite. Sans l'éducation, ils auroient été des hommes fort ordinaires, ce qu'on ne peut pas dire de l'homme *clairvoyant* : il y a mille hommes instruits pour un d'*éclairé* ; cent hommes *éclairé* pour un de *clairvoyant*, et cent hommes *clairvoyans* pour un homme de génie : l'homme de génie crée les choses, l'homme *clair-*

voyant en déduit des principes, l'homme *éclairé* en fait l'application. L'homme instruit n'ignore ni les choses créées, ni les lois qu'on en a déduites, ni les explications qu'on en a faites ; il sait tout, mais il ne produit rien.

ÉCLAT, LUEUR, CLARTÉ, SPLENDEUR.

Eclat est une lumière vive et passagère ; *lueur*, une lumière foible et durable ; *clarté*, une lumière durable et vive : ces trois mots se prennent au figuré et au propre : *splendeur* ne se dit qu'au figuré ; la *splendeur* d'un empire.

ÉCLIPSER, OBSCURCIR.

Ces deux mots ne sont synonimes qu'au sens figuré : ils different alors en ce que le premier dit plus que le second. Le faux mérite est *obscurci* par le mérite réel, et *éclipsé* par le mérite éminent.

On doit encore observer que le mot *éclipse* signifie un *obscurcissement* passager; au lieu que le mot *éclipser*, qui en est dérivée, désigne un *obscurcissement* total et durable, comme dans ce vers :

Tel brille au second rang, qui *s'éclipse* au premier.

ÉCRITEAU, ÉPIGRAPHE, INSCRIPTION.

L'*écriteau* n'est qu'un morceau de papier ou de carton, sur lequel on écrit quelque chose en grosses lettres, pour donner un avis au public. L'*inscription* se grave sur la pierre, sur le marbre, sur des colonnes, sur un mausolée, sur une médaille, ou sur quelque monument public, pour conserver la mémoire d'une chose, ou d'une personne.

L'*épigraphe* est une courte inscription, gravée d'ordinaire en onglet, sur les bâtimens particuliers, ou en bas des estampes.

Les *écritaux* sont faits pour étiqueter les boëtes des épiciers, ou pour servir d'enseigne aux maîtres d'écriture ; les *inscriptions* pour transmettre l'histoire à la postérité ; et les *épigraphes* pour l'intelligence d'une estampe, ou l'ornement d'un livre.

Les tableaux d'histoire auroient souvent besoin d'une *épigraphe* ; la célèbre Phryné, qui sut avec tant d'art découvrir et obtenir de Protogène, son satyre et son cupidon, offrit de relever les murailles de Thèbes à condition qu'on y gravât à sa gloire cette *inscription* : *Alexander diruit, sed meretrix Phrine fecit..* Alexandre a démoli les murs de Thèbes, et la courtisanne Phryné les a rétablis ; voilà où le mot *inscription*

cription est à sa place ; mais ce n'est pas bien parler que d'avoir employé ce terme dans une des bonnes traductions du nouveau testament, où l'on s'exprime ainsi : *Ils marquèrent le sujet de la condamnation de Jésus-Christ dans cette* inscription, *qu'ils mirent au-dessus de sa tête: Celui-ci est le roi des Juifs.* Il falloit se servir dans cet endroit du mot *écriteau*, au lieu d'*inscription*. La raison du terme préféré par les traducteurs, vient, peut-être, de ce qu'ils ont considéré l'objet, plus que la nature des choses. Ce n'étoit réellement qu'un *écriteau*. Les Juifs traitèrent en cette occasion l'innocence même comme le crime.

ÉCRIVAIN, AUTEUR.

Ces deux mots s'appliquent aux gens de lettres qui donnent au public des ouvrages de leur composition.

Le premier ne se dit que de ceux qui ont donné des ouvrages de belles-lettres, ou du moins il ne se dit que par rapport au style. Le second s'applique à tout genre d'écrire indifféremment; il a plus de rapport au fond de l'ouvrage qu'à la forme; de plus il peut se joindre par la particule *de* aux noms des ouvrages.

Racine, Voltaire, sont d'excellens *écrivains*; Corneille est un excellent *auteur*. Descartes et Newton sont des *auteurs* célèbres : l'*auteur* de la Recherche de la vérité est un *écrivain* du premier ordre,

---

EFFACER, RATURER, RAYER, BIFFER.

Ces mots signifient l'action de faire disparoître de dessus un papier ce qui est adhérent à sa surface. Les trois derniers ne s'appliquent qu'à ce qui est écrit ou imprimé; le premier peut se dire d'autre chose, comme des taches d'encre, etc. *Rayer* est moins fort qu'*effacer*; et *effacer*, que *raturer*.

On *raie* un mot, en passant simplement une ligne dessus; on l'*efface*, lorsque la ligne passée dessus est assez forte pour empêcher qu'on ne lise ce mot aisément; on le *rature*, lorsqu'on l'*efface* si absolument qu'on ne peut plus le lire, ou même lorsqu'on se sert d'un autre moyen que la plume, comme d'un canif, grattoir, etc.

On se sert plus souvent du mot *rayer* que du mot *effacer*, lorsqu'il est question de plusieurs lignes : on dit aussi qu'un écrit est fort *raturé*, pour dire qu'il est plein de *ratures*, c'est-à-dire, de mots *effacés*.

Le mot *rayer* s'emploie en parlant des mots supprimés dans un acte, ou d'un nom qu'on a ôté d'une liste, d'un tableau, etc. Le mot *biffer* est absolument du style d'arrêt; on ordonne, en parlant d'un accusé, que son écrou soit *biffé*. Enfin *effacer* est du style noble, et s'emploie dans ce cas au figuré : *effacer* le souvenir, etc.

EFFECTIVEMENT, EN EFFET.

1°. *En effet* est plus d'usage dans le style noble, *effectivement* dans la conversation.

2°. *Effectivement* sert seulement à appuyer une proposition par quelque preuve, et *en effet* sert de plus à opposer la réalité à l'apparence. On dit, il est vertueux *en apparence*, et vicieux *en effet*.

EFFIGIE, IMAGE, FIGURE, PORTRAIT.

L'*effigie* est pour tenir la place de la chose même. L'*image* est pour en représenter simplement l'idée. La *figure* est pour en montrer l'attitude et le dessin. Le *portrait* est uniquement pour la ressemblance.

On pend en *effigie* les criminels fugitifs. On peint des *images* de nos mystères. On fait des *figures* équestres de souverains. On grave les *portraits* des hommes illustres.

Effigie et *portrait* ne se disent dans le sens littéral qu'à l'égard des personnes, *image* et *figure* se disent de toutes sortes de choses.

Portrait se dit, dans le sens figuré, pour certaines descriptions, que les orateurs et les poëtes font, soit des personnes, des caractères, ou des actions.

Image se prend aussi dans le même

sens; mais le but qu'on se propose dans les *images* poétiques, c'est l'étonnement et la surprise, au lieu que dans la prose, c'est de bien peindre les choses : il y a pourtant cela de commun, qu'elles tendent à émouvoir dans l'un et l'autre genre. Enfin *image* se dit encore, au figuré, des peintures qui se font dans l'esprit par l'impression des choses qui ont passé par les sens. L'*image* des affronts qu'on reçoit ne s'efface point sitôt de la mémoire.

EFFECTUER, EXÉCUTER.

Le premier de ses mots ne se dit guères que dans la conversation, et en parlant d'une parole qu'on a donnée. *Effectuer* sa promesse, et *exécuter* une entreprise.

EFFRAYANT, ÉPOUVANTABLE, EFFROYABLE, TERRIBLE.

Ces mots désignent en général tout ce qui excite la crainte : *effrayant* est moins fort qu'*épouvantable*, et celui-ci moins fort qu'*effroyable*, par une bizarrerie de la langue, *épouvanté* étant encore plus fort qu'*effrayé*. De plus, ces trois mots se prennent toujours en mauvaise part, et *terrible* peut se prendre en bonne part, et supposer une crainte mêlée de respect.

Ainsi, on dit, un cri *effrayant*, un bruit *épouvantable*, un monstre *effroyable*, un Dieu *terrible*.

Il y a encore cette différence entre ces mots, qu'*effrayant* et *épouvantable* supposent un objet présent qui inspire de l'horreur, soit par la crainte, soit par un autre motif; et que *terrible* peut s'appliquer à un objet non présent.

La pierre est une maladie *terrible*; les douleurs qu'elle cause sont *effroyables*; l'opération en est *épouvantable* à voir; les préparatifs seuls en sont *effrayans*.

EFFRAYÉ, ÉPOUVANTÉ, ALARMÉ.

Ces mots désignent en général l'état d'une personne qui craint et qui témoigne sa crainte par des signes extérieurs.

Épouvanté est plus fort qu'*effrayé*, et celui-ci qu'*alarmé*. On est *alarmé* d'un danger qu'on craint, *épouvanté* d'un danger présent, *effrayé* d'un danger passé qu'on a couru sans s'en apercevoir. L'*alarme* produit des efforts pour éviter le mal dont on est menacé; l'*effroi* se borne à un sentiment vif et passager; l'*épouvante* est plus durable et ôte presque toujours la réflexion.

EFFRONTÉ, AUDACIEUX, HARDI.

Ces trois mots désignent en général la disposition d'une ame qui brave ce que les autres craignent. Le premier dit plus que le second, et se prend toujours en mauvaise part ; et le second dit plus que le troisième, et se prend aussi presque toujours en mauvaise part.

L'homme *effronté* est sans pudeur; l'homme *audacieux*, sans respect ou sans réflexion ; l'homme *hardi*, sans crainte.

La *hardiesse* avec laquelle on doit toujours dire la vérité, ne doit jamais dégénérer en *audace*, et encore moins en *effronterie*.

Hardi se prend aussi au figuré : une voûte *hardie*. *Effronté* ne se dit que des personnes ; *hardi* et *audacieux* se disent des personnes, des actions et des discours.

ÉGARDS, MÉNAGEMENS, ATTENTIONS, CIRCONSPECTION.

Ces mots désignent en général la retenue qu'on doit avoir dans ses procédés. Les *égards* sont l'effet de la justice ; les *ménagemens*, de l'intérêt ; les *attentions*, de la reconnoissance ou de l'amitié ; la *circonspection*, de la prudence.

On doit avoir des *égards* pour les honnêtes gens, des *ménagemens* pour ceux qui en ont besoin, des *attentions* pour ses parens et ses amis, de la *circonspection* avec ceux avec qui l'on traite.

Les *égards* supposent, dans ceux pour qui on les a, des qualités réelles ; les *ménagemens*, de la puissance ou de la foiblesse ; les *attentions*, des liens qui les attachent à nous ; la *circonspection*, des motifs particuliers, ou généraux de s'en défier.

ÉLÈVE, DISCIPLE, ÉCOLIER.

Ces trois mots s'appliquent en général à celui qui prend des leçons de quelqu'un : voici les nuances qui les distinguent.

Un *élève* est celui qui prend des leçons de la bouche même du maître. Un *disciple* est celui qui en prend des leçons en lisant ses ouvrages, ou qui s'attache à ses sentimens. *Ecolier* ne se dit, lorsqu'il est seul, que des enfans qui étudient dans des colléges : il se dit aussi de ceux qui étudient sous un maître un art qui n'est pas mis au nombre des arts libéraux, comme la danse, l'escrime, etc.; mais alors il doit être joint à quelque autre mot qui désigne l'art ou le maître.

Un maître d'armes a des *écoliers*;

un peintre a des *élèves*; Newton et Descartes ont eu des *disciples*, même après leur mort.

Élève est du style noble; *disciple* l'est moins, sur-tout en poésie; *écolier* ne l'est jamais.

ÉLOCUTION, DICTION, STYLE.

Diction ne se dit proprement que des qualités générales et grammaticales du discours; et ces qualités sont au nombre de deux, la correction et la clarté. Elles sont indispensables dans quelqu'ouvrage que ce puisse être, soit d'éloquence, soit de tout autre genre : l'étude de la langue et l'habitude d'écrire les donnent presqu'infailliblement, quand on cherche de bonne foi à les acquérir.

Style, au contraire, se dit des qualités du discours plus particulières,

plus

plus difficiles et plus rares, qui marquent le génie et le talent de celui qui écrit ou qui parle : telles sont la propriété des termes, l'élégance, la facilité, la précision, l'élévation, la noblesse, l'harmonie, la convenance avec le sujet, etc.

Nous n'ignorons pas néanmoins que les mots *style* et *diction* se prennent souvent l'un pour l'autre, surtout par les auteurs qui ne s'expriment pas sur ce sujet avec une exactitude rigoureuse : mais la distinction que nous venons d'établir ne nous paroît pas moins réelle.

ÉLOGE, LOUANGE.

Ils diffèrent à plusieurs égards l'un de l'autre. *Louange*, au singulier et précédé de l'article *la*, se prend dans un sens absolu ; *éloge*, au singulier et précédé de l'article *le*, se prend dans un sens relatif. Ainsi, l'on dit la *louange* est quelquefois dangereuse ; l'*éloge* de telle personne est juste, est outré, etc.

Louange, au singulier, ne s'emploie guères, ce me semble, avec le mot *une* ; on dit un *éloge* plutôt qu'une *louange* : du moins, *louange*, en ce cas, ne se dit guères que lorsqu'on *loue* quelqu'un d'une manière détournée et indirecte. Exemple : tel auteur a donné une *louange* bien fine à son ami.

Il semble aussi que lorsqu'il est question des hommes, *éloge* dise plus que *louange*, du moins en ce qu'il suppose plus de titres et de droits pour être *loué* : on dit de quelqu'un, qu'il a été comblé d'*éloges*, lorsqu'il a été *loué* beaucoup et avec justice ; et d'un autre côté, qu'il a été accablé de *louanges*, lorsqu'on l'a *loué* à l'excès ou sans raison.

Au contraire, en parlant de Dieu,

louange signifie plus qu'*éloge* ; car on dit, les *louanges* de Dieu.

Eloge se dit encore des harangues prononcées et des ouvrages imprimés à la *louange* de quelqu'un : *éloge* funèbre, *éloge* historique, *éloge* académique.

Enfin ces mots diffèrent aussi par ceux auxquels on les joint : on dit, *Faire l'éloge de quelqu'un*, et *chanter les louanges de Dieu*.

ÉNERGIE, FORCE.

Nous ne considérons ici ces mots qu'en tant qu'ils s'appliquent au discours ; car dans d'autres cas, leur différence saute aux yeux.

Il semble qu'*énergie* dit encore plus que *force* ; et qu'*énergie* s'applique principalement aux discours qui peignent, et au caractère du style. On peut dire d'un orateur, qu'il joint la force du raisonnement à l'*énergie* des expressions. On dit aussi une peinture *énergique*, et des images fortes.

EMPIRE, AUTORITÉ, POUVOIR, PUISSANCE.

On dit l'*empire* que Dieu exerce sur les hommes ; l'*autorité* d'un concile ; le *pouvoir* d'absoudre ; l *puissance* ecclésiastique.

EMPORTER, REMPORTER.

On dit toujours *remporter* la victoire, et non pas *emporter* la victoire ; mais on dit au contraire, *emporter* le butin, et non pas *remporter* le butin. Ces deux mots ont également leur bizarerie, quand on les employe au figuré.

ENCHAINEMENT, ENCHAINURE.

Le premier ne se dit bien qu'au figuré ; on commence à employer le second en parlant des ouvrages de l'art : et il faut encourager ces sortes d'usages autant qu'il est possible.

ENDROIT, LIEU.

Ces mots désignent en général les place de quelque chose. Voici les nuances qui les distinguent : *lieu* semble désigner une place plus étendue qu'*endroit*, et *endroit* désigne une place plus déterminée et plus limitée. Ainsi on peut dire : *tel bourg est un lieu considérable ; il commence à l'endroit où on a bâti telle maison.* On dit aussi le *lieu* des corps, un homme de bas *lieu*, un *endroit* remarquable dans un auteur, un beau *lieu*, un vilain *endroit*.

ÉPREUVE, ESSAI, EXPÉRIENCE.

Termes relatifs à la manière dont nous acquérons la connoissance des objets. Nous nous assurons par l'*épreuve*, si la chose a la qualité que nous lui croyons ; par l'*essai*, quelles sont ses qualités ; par l'*expérience*, si elle est. Vous apprendrez, par *expérience*, que les hommes ne vous manquent jamais dans certaines circonstances. Si vous faites l'*essai* d'une recette sur les animaux, vous pourrez ensuite l'employer plus sûrement sur l'espèce humaine. Si vous voulez conserver vos amis, ne les mettez point à des *épreuves* trop fortes. L'*expérience* est relative à l'existence ; l'*essai*, à l'usage ; l'*épreuve*, aux attributs. On dit d'un homme, qu'il est expérimenté dans un art, quand il y a long-tems qu'il le pratique ; qu'une arme a été *éprouvée*, lorsqu'on lui a fait subir certaines charges de poudre prescrites ; qu'on a *essayé* un habit, lorsqu'on l'a mis une première fois, pour juger s'il fait bien.

ESCALIER, DEGRÉ, MONTÉE.

Ces trois mots désignent la même chose ; c'est-à-dire, cette partie d'une maison qui sert par plusieurs marches à monter aux divers étages d'un bâtiment, et à en descendre. Mais *escalier* est devenu aujourd'hui le seul terme d'usage. *Degré* ne se dit plus que par les bourgeois ; et *montée*, par le petit peuple. *Degré* s'employoit, dans le dernier siècle, pour signifier chaque marche d'un *escalier;* et le mot de *marche* étoit uniquement consacré pour les autels.

Nous aurions peut-être bien fait de conserver ces termes distinctifs, qui contribuent beaucoup à enrichir une langue.

ÉTUDIER, APPRENDRE, S'INSTRUIRE.

Etudier c'est travailler à devenir savant; *apprendre*, c'est réussir. On *étudie* pour apprendre, et l'on *apprend* à force d'*étudier*. On ne peut *étudier* qu'une chose à la fois; mais on peut, dit l'abbé Girard, en *apprendre* plusieurs; ce qui, métaphysiquement pris, n'est pas vrai. Plus on *apprend*, plus on sait; plus on *étudie*, plus on se fatigue. C'est avoir bien *étudié*, que d'avoir *appris* à douter. Il y a des choses qu'on *apprend* sans les *étudier*, et d'autres qu'on *étudie* sans *apprendre*. Les plus savans ne sont pas ceux qui ont le plus *étudié*; mais ceux qui ont le plus *appris*. On *apprend* d'un maître ; on *s'instruit* par soi-même. On *apprend* quelquefois ce qu'on ne voudroit pas savoir ; mais on veut toujours savoir les choses dont on *s'instruit*. On *apprend* les nouvelles publiques ; on *s'instruit* de ce qui se passe dans le cabinet ; on *apprend* en écoutant ; on *s'instruit* en interrogeant.

EXISTENCE, SUBSISTANCE.

L'*existence* se donne par la naissance, la *subsistance* par les alimens. Le terme d'*exister*, dit à ce sujet l'abbé Girard, n'est d'usage que pour exprimer l'événement de la simple *existence* ; et l'on employe celui de *subsister* pour désigner un événement de durée qui répond à cette *existence* ou à cette modification. *Exister*ne se dit que des *subsistances*, et seulement pour en marquer l'être réel. *Subsister* s'applique aux *subsistances* et aux modes; mais toujours avec un rapport à la durée de leur être. On dit de la matière de l'esprit des corps qu'ils *existent*. On dit des états, des ouvrages, des affaires des lois, et de tous les établissemens qui ne sont ni détruits, ni changés, *qu'ils existent*.

ENVIE, JALOUSIE.

Voici les nuances par lesquelles ces mots diffèrent.

1°. On est *jaloux* de ce qu'on possède, et *envieux* de ce que possèdent les autres : c'est ainsi qu'un amant est *jaloux* de sa maîtresse; un prince, *jaloux* de son autorité.

2°. Quand ces deux mots sont relatifs à ce que possèdent les autres, *envieux* dit plus que *jaloux*. Le premier marque une disposition habituelle et de caractère ; l'autre peut désigner un sentiment passager : le premier désigne un sentiment actuel plus fort que le second. On peut être quelquefois *jaloux*, sans être naturellement *envieux* : la *jalousie*, sur-tout au premier mouvement, est un sentiment dont on a quelquefois peine à se défendre ; l'*envie* est un sentiment bas, qui ronge et tourmente celui qui en est pénétré.

ÉVADER (S'), ÉCHAPPER (S'), ENFUIR (S').

Ces mots diffèrent, en ce que s'*évader* se fait en secret, s'*échapper* suppose qu'on a déjà été pris ou qu'on est près de l'être, s'*enfuir* ne suppose aucune de ces conditions.

On s'*évade* d'une prison ; on s'*échappe* des mains de quelqu'un ; on s'*enfuit* après une bataille perdue.

FABLE, CONTE.

Il y a cette différence entre la *fable* et le *conte*, que la *fable* ne contient qu'un seul et unique fait, renfermé dans un certain espace déterminé, et achevé dans un seul tems, dont la fin est d'amener quelque maxime de morale, et d'en rendre la vérité sensible ; au lieu qu'il n'y a dans le *conte* ni unité de tems, ni unité d'action, ni unité de lieu, et que son but est moins d'instruire que d'amuser. La *fable* est souvent un monologue, ou une scène de comédie ; le *conte* est une suite des comédies enchaînées les unes aux autres.

FACTION, PARTI.

Le terme de *parti* par lui-même n'a rien d'odieux : celui de *faction* l'est toujours.

Un grand homme et un médiocre peuvent avoir aisément un *parti* à la cour, dans l'armée, à la ville, dans la littérature; on peut avoir un *parti* par son mérite, par la chaleur et le nombre de ses amis, sans être chef de *parti* : le maréchal de Catinat, peu considéré à la cour, s'étoit fait un grand *parti* dans l'armée sans y prétendre.

Un chef de *parti* est toujours un chef de *faction :* tels ont été le cardinal de Retz, Henri duc de Guise, et tant d'autres.

Un *parti* séditieux, quand il est encore foible, quand il ne partage pas tout l'État, n'est qu'une *faction*. La *faction* de César devint bientôt un *parti* dominant, qui engloutit la république. Quand l'empereur Charles VI disputoit l'Espagne à Philippe V, il avoit un *parti* dans ce royaume, et enfin il n'y eut plus qu'une *faction* ; cependant on peut

P

toujours dire, le *parti* de Charles VI. Il n'en est pas ainsi des hommes privés. Descartes eut long-tems un *parti* en France ; on ne peut pas dire qu'il eût une *faction*.

FAIM, APPÉTIT.

L'un et l'autre désignent une sensation qui nous porte à manger. Mais la *faim* n'a rapport qu'au besoin, soit qu'il naisse d'une longue abstinance, soit qu'il naisse de voracité naturelle, ou de quelqu'autre cause. L'*appétit* a plus de rapport au goût et au plaisir qu'on se promet des alimens qu'on va prendre. La *faim* presse plus que l'*appétit* ; elle est plus vorace, tout mets l'appaise. L'*appétit*, plus patient, est plus délicat ; certain mets le réveille. Lorsque le peuple meurt de *faim*, ce n'est jamais la faute de la Providence, c'est toujours celle de l'administration. Il est également dangereux pour la santé de souffrir la *faim*, et d'accorder tout à son *appétit*. La *faim* ne se dit que des alimens. L'*appétit* a quelquefois une acception plus étendue, et la morale s'en sert pour désigner en général la pente de l'ame, vers un objet qu'elle s'est représentée comme un bien, quoiqu'il n'arrive que trop souvent que ce soit un grand mal.

FASTIDIEUX, DÉGOUTANT.

Dégoûtant se dit plus à l'égard du corps qu'à l'égard de l'esprit. *Fastidieux*, au contraire, va plus à l'esprit qu'au corps. *Dégoûtant* se dit au propre et au figuré ; il s'applique aux personnes, aux viandes, et à d'autres choses. La laideur est *dégoûtante* ; la mal-propreté est *dégoûtante* ; il y a des gens *dégoûtans*, avec du mérite, et d'autres qui plaisent avec des défauts. *Fastidieux* ne s'employe qu'au figuré : un homme *fastidieux* est un homme ennuyeux, important, fatiguant par ses discours, par ses manières, ou par ses actions ; il y a des ouvrages *fastidieux*. Ce qui rend les entretiens ordinaires si *fastidieux*, c'est l'applaudissement qu'on donne aux sottises. Enfin, le mot *fastidieux* est également beau en prose et en poésie ; et l'usage l'a tellement adouci, que ce terme commence (et c'est dommage) à être aujourd'hui un de ces mots du *bel-air*, qui, à force d'être employés mal à propos dans la conversation, finiront par être bannis du style sérieux.

FERMETÉ, ENTÊTEMENT, OPINIATRETÉ.

Il ne faut pas confondre la *fermeté* avec l'*entêtement*. L'homme *ferme* soutient et exécute avec vigueur ce qu'il croit vrai et conforme à son devoir, après avoir mûrement pesé les raisons pour et contre : l'*entêté* n'examine rien ; son opinion fait sa loi.

L'*opiniâtreté* ne diffère de l'*entêtement* que du plus au moins. On peut réduire un *entêté*, en flatant son amour-propre ; jamais un *opiniâtre*, il est inflexible et arrêté dans ses sentimens. D'où il suit que l'*entêtement* comme l'*opiniâtreté* sont des vices du cœur ou de l'esprit, quelquefois aussi d'une mauvaise méthode de raisonner.

FERMETÉ, CONSTANCE.

La *fermeté* est le courage de suivre ses desseins et sa raison ; et la *constance* est une persévérance dans ses goûts. L'homme *ferme* résiste à la séduction, aux forces étrangères, à lui-même : l'homme *constant* n'est point ému par de nouveaux objets, et il suit le même penchant qui l'entraîne toujours également. On peut être *constant* en condamnant soi-même sa *constance* ; celui-là seul est *ferme*, que la crainte des disgrâces, de la douleur, de la mort même, l'espérance de la gloire, de la fortune, ou des plaisirs, ne peuvent écarter du parti qu'il a jugé le plus raisonnable et le plus honnête.

Dans les difficultés et les obstacles, l'homme *ferme* est soutenu par son courage et conduit par sa raison ; il va toujours au même but : l'homme *constant* est conduit par son cœur ; il a toujours les mêmes besoins.

On peut être *constant* avec une ame pusillanime, un esprit borné : mais la *fermeté* ne peut être que dans un caractère plein de force, d'élévation, et de raison.

La légéreté et la facilité sont opposées à la *constance*; la fragilité et la foiblesse sont opposées à la *fermeté*.

FIDÉLITÉ, CONSTANCE.

La *fidélité* suppose un engagement; la *constance* n'en suppose point : on est *fidèle* à sa parole, et *constant* dans son goût. Par la même raison, on est *fidèle* à l'amour, et *constant* en amitié, parce que l'amour semble un engagement plus vif que l'amitié pure et simple.

Par la même raison encore, on dit, un amant heureux et *fidèle*, un amant malheureux et *constant*, parce que le premier est engagé et que l'autre ne l'est pas.

Il semble que la *fidélité* tienne plus aux procédés ; et la *constance* au sentiment. Un amant peut être *constant* sans être *fidèle*, si en aimant toujours sa maîtresse il ne laisse pas d'avoir des passades ; et il peut être *fidèle* sans être *constant*, s'il cesse d'aimer sa maîtresse, sans néanmoins en prendre une autre : la *fidélité* suppose une espèce de dépendance ; un sujet *fidèle*, un domestique *fidèle*, un chien *fidèle*.

La *constance* suppose une sorte d'opiniâtreté et de courage. *Constant* dans le travail, dans les malheurs. La *fidélité* des martyrs à la religion, a produit leur *constance* dans les tourmens.

FIER, CONFIER.

Se *fier* est proprement avoir de la confiance, se *confier* ne désigne guères que faire une confidence : celui-ci n'exprime qu'un sentiment passager de l'ame, et relatif aux circonstances; l'autre exprime un sentiment absolu, et indépendant de toute circonstance.

On se *confie* à tous ceux à qui on fait des confidences; et comme une confidence qu'on fait ne suppose pas toujours qu'on pourroit en faire d'autres, on ne se *fie* pas à tous ceux à qui on se *confie*.

On se *fie* à la probité; on se *confie* à la discrétion. A la cour il faut quelquefois se *confier*, et ne se *fier* jamais.

On se *confie* à son directeur, et on ne s'y *fieroit* pas toujours.

Les jeunes gens se *confient* leurs

intrigues sans s'estimer ; on estime toujours ceux à qui on se *fie*.

On peut dire à un homme dont on soupçonne la probité : comme votre intérêt vous imposera silence, quoique je ne me *fie* pas à vous, je vais vous *confier*.....; c'est-à-dire, quoique je n'aie en vous aucune *confiance*, je vais vous faire telle *confidence*.

FINESSE, DÉLICATESSE.

La *finesse* dans ses ouvrages d'esprit, comme dans la conversation, consiste dans l'art de ne pas exprimer directement sa pensée, mais de la laisser aisément appercevoir : c'est une énigme, dont les gens d'esprit devinent tout d'un coup le mot. La *finesse* diffère de la *délicatesse*.

La *finesse* s'étend également aux choses piquantes et agréables, au blâme et à la louange même, aux choses mêmes indécentes, couvertes d'un voile, à travers lequel on les voit sans rougir. On dit des choses hardies avec *finesse*. La *délicatesse* exprime les sentimens doux et agréables, des louanges fines.

Ainsi la *finesse* convient plus à l'épigramme; la *délicatesse* au madrigal. Il entre de la *délicatesse* dans les jalousies des amans; il n'y entre point de *finesse*. Les louanges que donnoit Despréaux à Louis XIV, ne sont pas toujours également *délicates*; ses satyres ne sont pas toujours assez *fines*.

Un chancelier offrant un jour sa protection au parlement, le premier président se tournant vers sa compagnie, *Messieurs*, dit-il, *remercions M. le chancelier; il nous donne plus que nous ne lui demandons.* C'est-là une repartie très-*fine*.

Quand Iphigénie, dans Racine, a reçu l'ordre de son père, de ne plus revoir Achille, elle s'écrie: *Dieux plus doux, vous n'aviez demandé que ma vie!* Le véritable caractère de ce vers est plutôt la *délicatesse* que la *finesse*.

FINESSE, PÉNÉTRATION, DÉLICATESSE, SAGACITÉ.

La *finesse* est la faculté d'appercevoir, dans les rapports superficiels des circonstances et des choses, les facettes presqu'insensibles qui se répondent, les points indivisibles qui se touchent, les fils déliés qui s'entrelacent et s'unissent.

La *finesse* diffère de la *pénétration*, en ce que la *pénétration* fait voir en grand, et la *finesse* en petit détail. L'homme *pénétrant* voit loin; l'homme *fin* voit clair, mais de près: ces deux facultés peuvent se comparer au télescope et au microscope.

Un homme *pénétrant*, voyant Brutus immobile et pensif devant la statue de Caton, et combinant le caractère

caractère de Caton, celui de Brutus, l'état de Rome, le rang usurpé par César, le mécontentement des citoyens, *etc.* auroit pu dire : « Brutus médite quelque chose d'extraordinaire ». Un homme *fin* auroit dit : « Voilà Brutus qui s'admire dans l'un de ces caractères »; et auroit fait une épigramme sur la vanité de Brutus.

Un *fin* courtisan, voyant le désavantage du camp de M. de Turenne, auroit fait semblant de ne pas s'en appercevoir; un grenadier *pénétrant* néglige de travailler au retranchement, et répond au général : « Je vous connois, nous ne coucheront pas ici ».

La *finesse* ne peut suivre la *pénétration*, mais quelquefois aussi elle lui échappe. Un homme profond est *impénétrable* à un homme qui n'est que *fin*; car celui-ci ne combine que les superficies : mais l'homme pro-

Q

fond est quelquefois surpris par l'homme *fin* ; sa vûe hardie, vaste, et rapide, dédaigne ou néglige d'appercevoir les petits moyens; c'est Hercule qui court, et qu'un insecte pique au talon.

La *délicatesse* est la *finesse* du sentiment, qui ne réfléchit point ; c'est une perception vive et rapide du résultat des combinaisons. Si la *délicatesse* est jointe à beaucoup de sensibilité, elle ressemble encore plus à la *sagacité* qu'à la *finesse*.

La *sagacité* diffère de la *finesse*, 1°. en ce qu'elle est dans le tact de l'ame ; 2°. en ce que la *finesse* est superficielle, et la *sagacité* pénétrante: ce n'est point une *pénétration* progressive ; c'est une *pénétration* soudaine, qui franchit le milieu des idées, et touche au but dès le premier pas. C'est le coup-d'œil du grand Condé. Bossuet l'appelle *illumina-*

tion ; elle ressemble en effet à l'illumination dans les grandes choses.

FINESSE, RUSE, ASTUCE, PERFIDIE.

La *ruse* se distingue de la *finesse*, en ce qu'elle emploie la fausseté. La *ruse* exige la *finesse*, pour s'envelopper plus adroitement, et pour rendre plus subtils les pièges de l'artifice et du mensonge. La *finesse* ne sert quelquefois qu'à découvrir et à rompre ces pièges; car la *ruse* est toujours offensive, et la *finesse* peut ne pas l'être. Un honnête homme peut être *fin*, mais il ne peut être *rusé*. Du reste, il est si facile et si dangereux de passer de l'un à l'autre, que peu d'honnêtes gens se piquent d'être *fins* : le bon homme et le grand homme ont cela de commun, qu'ils ne peuvent se résoudre à l'être.

L'*astuce* est une *finesse* pratique

dans le mal, mais en petit : c'est la *finesse* qui nuit, ou qui veut nuire. Dans l'*astuce*, la *finesse* est jointe à la méchanceté, comme à la fausseté dans la *ruse*. Ce mot, qui n'est plus d'usage, a pourtant sa nuance; il mériteroit d'être conservé.

La *perfidie* suppose plus que de la *finesse*; c'est une fausseté noire et profonde, qui emploie des moyens puissans, qui meut des ressorts plus cachés que l'*astuce* et la *ruse*. Celles-ci, pour être dirigées, n'ont besoin que de la *finesse*; et la *finesse* suffit pour leur échapper : mais pour observer et démasquer la *perfidie*, il faut la pénétration même. La *perfidie* est un abus de la confiance, fondée sur des garants inévitables, tels que l'humanité, la bonne foi, l'autorité des lois, la reconnoissance, l'amitié, les droits du sang, *etc.*: plus ces droits sont sacrés, plus la confiance est tranquille, et plus parconséquent la *perfidie* est à couvert. On se défie moins d'un citoyen que d'un étranger, d'un ami que d'un concitoyen, *etc.* : ainsi par degrés la *perfidie* est plus atroce, à mesure que la confiance violée étoit mieux établie.

Nous observons ces synonymes, moins pour prévenir l'abus des termes dans la langue, que pour faire sentir l'abus des idées dans les mœurs : car il n'est pas sans exemple qu'un *perfide*, qui a surpris ou arraché un secret pour le trahir, s'applaudisse d'avoir été *fin*.

FLEUVE, RIVIERE.

Voilà deux synonymes sur la différence desquels on n'est pas encore convenu, si jamais on en peut convenir ; car si on prétendoit tirer cette différence de la quantité d'eau qui coulent dans le même lit, on pourroit répondre, qu'il y a de ces petites *rivières* auxquelles on a conservé, dans les ouvrages en prose, le nom de *fleuve*, que les poëtes latins leur ont donné. Si l'on dit que le mot *fleuve* appartient seulement à ceux qui coulent depuis leur source, jusqu'à la mer, sans changer de nom, le titre de *fleuve* ne conviendra pas au Rhin, qui n'arrive pas avec son nom, jusqu'à l'Océan. Si l'on veut que le mot *fleuve* soit propre aux *rivières*, qui se mêlent sans perdre leur nom; au lieu que les autres perdent le leur: on expliquera que dans l'usage ordinaire, personne ne s'avise de dire le *fleuve* de la Seine, le *fleuve* de la Meuse, quoiqu'elles ayent cette condition.

M. Sanson va plus loin; il accorde le nom de *fleuve* aux *rivières* qui portent de grands batteaux, quoiqu'elles ne portent pas leurs eaux immédiatement à la mer, comme la

Save et la Drave qui se perdent dans le Danube ; le Mein et la Moselle, dans le Rhin, etc. Enfin M. Corneille veut que l'on donne seulement le nom de *fleuve* aux anciennes *rivières*, telles que l'Araxe, l'Ister, etc. Mais y a-t-il de nouvelles *rivières*, et ne sont-elles pas toutes également anciennes ? Il n'est donc pas possible de fixer la distinction de ces deux mots, *fleuve* et *rivière*. Tout ce qu'on peut dire d'après l'usage, c'est, 1°. que *fleuve* ne s'employe que pour les grandes *rivières* ; 2°. que le mot *rivière* n'est pas noble en poésie ; 3°. que quand on parle d'une *rivière* de l'antiquité, on se sert du mot de *fleuve* ; de sorte qu'on dit le *fleuve* Araxe, le *fleuve* Indus, le *fleuve* du Gange ; 4°. Que le nom de *rivière* se donne tant aux grandes qu'aux petites, puisqu'on dit également la *rivière* de Loire, et la *rivière* des Gobelins, qui n'est qu'un ruisseau.

FOI, CROYANCE.

Ces deux mots ne diffèrent en ce que *foi* se prend quelquefois solitairement, et désigne alors la perfection où l'on est des mystères de la religion. La *croyance* des vérités révélées constitue la *foi* : ils diffèrent encore par les mots auxquels on les joint. Les choses auxquelles le peuple ajoute *foi*, ne mérite pas toujours que le sage leur donne sa *croyance*.

FOIBLE, FOIBLESSE.

Il y a la même différence entre les *foibles* et les *foiblesses*, qu'entre la cause et l'effet : les *foibles* sont la cause, les *foiblesses* sont l'effet. Un *foible* est un penchant qui peut être indifférent ; au lieu qu'une *foiblesse* est une faute toujours répréhensible.

ÊTRE FOIBLE, AVOIR DES FOIBLESSES.

Nous *sommes foibles* par la disposition habituelle de manquer, en quelque sorte malgré nous, soit aux lumières de la raison, soit aux principes de la vertu. Nous *avons des foiblesses*, quand nous y manquons en effet, entraînés par quelque cause différente, de cette disposition habituelle.

On *est foible* tout-à-la-fois par la disposition du cœur et de l'esprit ; et cette disposition constitue le caractère de l'homme *foible*. On *a des foiblesses* ordinairement par la surprise du cœur ; ce sont des exceptions dans le caractère de l'homme qui *a des foiblesses*. Personne n'est exempt d'*avoir des foiblesses* ; mais tout le monde *n'est* pas homme *foible*.

On *est foible* sans savoir pourquoi,

et parce qu'il n'est pas en soi d'être autrement ; on *est foible*, ou parce que l'esprit n'a point assez de lumières pour se décider, ou parce qu'il n'est pas assez sûr des principes qui le déterminent pour s'y tenir fortement attaché ; on *est foible* par timidité, par paresse, par la mollesse, et la langueur d'une ame qui craint d'agir, et pour qui le moindre effort est un tourment. Au contraire, on *a des foiblesses*, ou parce qu'on est séduit par un sentiment louable, mais trop écouté, ou parce qu'on est entrainé pas une passion.

L'homme *foible*, dépourvu d'imagination, n'a pas même la force qu'il faut pour avoir des passions : l'autre n'*auroit* point *de foiblesses*, si son ame n'étoit sensible ou son cœur passionné. Les habitudes ont, sur l'un, tout le pouvoir que les passions ont sur l'autre.

On abuse de la disposition du premier, sans lui savoir gré de ce qu'on lui fait faire ; c'est qu'on voit bien qu'il ne le fait que parce qu'il *est foible* : on sait gré à l'autre *des foiblesses* qu'il a pour nous, parce qu'elles sont des sacrifices. Tous deux ont cela de commun, qu'ils sentent leur état, et qu'ils se le reprochent ; car s'ils ne le sentoient pas, il y auroit d'un côté imbécilité, et de l'autre folie : mais, par ce sentiment, l'homme *foible* devient une créature malheureuse, au lieu que l'état de l'autre a ses plaisirs comme ses peines.

L'homme *foible* le sera toute sa vie ; toutes les tentatives qu'il fera pour sortir de cet état, ne feront que l'y plonger plus avant. L'homme qui a *des foiblesses* sortira d'un état qui lui est étranger ; il peut même s'en relever avec éclat. Turenne, n'étant plus jeune, *eut la foiblesse* d'aimer madame de C.*** ; il *eut la* *foiblesse* plus grande de lui révéler le secret de l'État : il répara la première, en cessant d'en voir l'objet ; il répara la seconde, en l'avouant. Un homme *foible* auroit fait les mêmes fautes ; mais jamais il ne les auroit réparées

AME FOIBLE, COEUR FOIBLE, ESPRIT FOIBLE.

Le *foible* du *cœur* n'est point celui de l'*esprit* ; le *foible* de l'*ame* n'est point celui du *cœur*. Une *ame foible* est sans ressort et sans action ; elle se laisse aller à ceux qui la gouvernent. Un *cœur foible* s'amolit aisément, change facilement d'inclinations, ne résiste point à la séduction, à l'ascendant qu'on veut prendre sur lui, et peut subsister avec un esprit fort ; car on peut penser fortement et agir foiblement. L'*esprit foible* reçoit les
impressions

impressions sans les combattre, embrasse les opinions sans examen; s'effraie sans cause; tombe naturellement dans la superstition.

ORFAIT, CRIME, FAUTE.

Forfait, *crime*, *faute*, désignent tous une mauvaise action; mais la *faute* est moins grave que le *crime*; le *crime*, moins grave que le *forfait*. Le *crime* est la plus grande des *fautes*; le *forfait*, le plus grand des *crimes*. La *faute* est de l'homme; le *crime*, du méchant; le *forfait*, du scélérat. Les lois n'ont presque point décerné de peine contre les *fautes*; elles en ont attaché à chaque *crime*; elles sont quelquefois dans le cas d'en inventer pour punir les *forfaits*. La *faute*, le *crime*, le *forfait*, sont des péchés plus ou moins atroces. Dans une mauvaise action, il y a

R

l'offense faite à l'homme, et l'offense commise envers Dieu. La première se désigne par les mots de *faute*, *crime*, et *forfait*; la seconde en général, par le mot de pêché. Le prêtre donne l'absolution au pêcheur, et le juge fait pendre le coupable. La médisance est une *faute*, le vol et la calomnie sont des *crimes*, le meurtre est un *forfait*. Il y a des *fautes* plus ou moins graves, des *crimes* plus ou moins grands, des *forfaits* plus ou moins atroces.

FORT, BIEN, TRÈS.

Termes qu'on emploie indistinctement en français pour marquer le degré des qualités, le plus haut des êtres, ou ce que les grammairiens appellent le superlatif : mais ils ne désignent ce degré, ni de la même manière, ni avec la même énergie. *Très* me paroît affecté, particulièrement au superlatif, et le représenter comme idée principale, comme on voit dans le *très-haut*, pris pour l'Être suprême. *Fort* marque moins le superlatif; mais affirme davantage. Ainsi quand on dit, il est *fort* équitable, il semble qu'on fasse autant au moins d'attention à la certitude qu'on a de l'équité d'une personne, qu'au degré ou point auquel elle pousse cette vertu. *Bien* marque encore moins le superlatif, que *très* ou *fort*; mais il est souvent accompagné d'un sentiment d'admiration; il est *bien hardi*: dans cette phrase, on désigne moins peut-être le degré de la hardiesse, qu'on n'exprime l'étonnement qu'elle produit. Ces distinctions sont de l'abbé Girard. Il remarque de plus, que *très* est souvent positif; mais que *fort* et *bien* peuvent être ironiques, comme dans *c'est être fort sage que de quitter ce qu'on a, pour courir après ce qu'on ne sauroit avoir : c'est être bien patient, que de souffrir des coups de bâton sans en rendre.* Mais je crois que *très* n'est point du tout incompatible avec l'ironie, et qu'il est préférable à *bien* et à *fort*, en ce qu'il la marque moins. Lorsque *fort* et *bien* sont ironiques, il n'y a qu'une façon de les prononcer ; et cette façon étant ironique elle-même, elle ne laisse rien à deviner à celui à qui l'on parle. *Très*, au contraire, pouvant se prononcer, quand il est *ironique*, comme s'il ne l'étoit pas, enveloppe davantage la raillerie, et laisse dans l'embarras celui qui raille.

FRAGILE, FOIBLE.

L'homme *fragile* diffère de l'homme *foible*, en ce que le premier cède à son cœur, à ses penchans; et le second, à des impulsions étrangères. La *fragilité* suppose des passions vives; et la *foiblesse* suppose l'inaction et le vide de l'ame. L'homme *fragile* pèche contre ses principes; et l'homme *foible* les abandonne: il n'a que des opinions. L'homme *fragile* est incertain de ce qu'il fera; et l'homme *foible* de ce qu'il veut.

Il n'y a rien à dire à la *foiblesse;* on ne la change pas. Mais la philosophie n'abandonne pas l'homme *fragile*: elle lui prépare des secours, et lui ménage l'indulgence des autres; elle l'éclaire, elle le conduit, elle le soutient, elle lui pardonne.

FRAPPER, BATTRE.

Battre marque plusieurs coups; c'est avoir frappé que d'en avoir un.

On n'est point *battu* qu'on ne soit *frappé* : on est quelquefois *frappé* sans être *battu* : *battre* suppose toujours de l'intention ; on peut *frapper* sans le vouloir. Le plus violent *frappe* le premier. Le plus foible doit être *battu*. *Frapper* est toujours un verbe actif ; *battre* devient neutre dans se *battre* ; car se *battre* ne signifie point se *frapper* soi-même de coups redoublés ; mais seulement combattre quelqu'un. La loi du prince défend de se *battre* en duel. Celle de Jésus-Christ défend même de *frapper*.

FRÊLE, FRAGILE.

Un corps *frêle* est celui qui, par sa consistance élastique, molle, et déliée, est facile à ployer, courber, rompre : ainsi la tige d'une plante est *frêle*, la branche de l'osier est *frêle*. Il y a donc entre *fragile* et *frêle* cette petite nuance, que le terme *fragile* emporte la foiblesse du tout et la roideur des parties ; et *frêle* pareillement la foiblesse du tout, mais la mollesse des parties. On ne diroit pas aussi bien du verre, qu'il est *frêle*, que l'on dit qu'il est *fragile* ; ni d'un roseau, qu'il est *fragile*, comme on dit qu'il est *frêle*.

On ne dit point d'une feuille de papier ni d'un taffetas, que ce sont des corps *frêles* ou *fragiles* ; parce qu'ils n'ont ni roideur, ni élasticité, et qu'on les plie comme on veut sans les rompre.

GAGES, APPOINTEMENS, HONORAIRES.

Gages marque toujours quelque chose de bas. *Appointemens* n'a point cette idée. *Honoraire* réveille l'idée contraire. On prend pour un homme à *gages*, et l'on offense celui dont on marchande le service ou le talent, et a qui l'on doit un *honoraire*.

GAI, GAILLARD.

Gaillard diffère de *gai*, en ce qu'il présente l'idée de la *gaité* jointe à celle de la bouffonnerie, ou même de la duplicité dans la personne, de la licence dans la chose : il est peu d'usage; et les occasions où il puisse être employé avec goût, sont rares. On dit très-bien : il a le propos *gai;* et familièrement, il a le propos *gaillard*. Un propos *gaillard* est toujours *gai;* un propos *gai* n'est pas toujours *gaillard*. On ne peut avoir, à une grille de religieuse, le propos *gai*, si le propos *gaillard* s'y trouvoit il y seroit déplacé.

GENT, GENTIL, JOLI, GENTILLESSE.

Le premier mot est vieux, et signifie propre, net, galamment ajusté. *Decorus*, elle a le cœur noble, et *gent*; et on disoit aux féminin, *gente* de corps et d'esprit. Ce mot étoit expressif et faisoit bien dans la poésie champêtre. *Joli* a pris, en quelque façon, la place de *gentil*, que nous avons perdu. Je dis en quelque façon, parce qu'il ne les remplace pas. Il n'a pas tant d'étendue, qu'en avoit *gentil*, qui s'appliquoit aux grandes choses, aussi bien qu'aux petites. Car on disoit autrefois, un *gentil* exercice, une *gentille* action pour un noble exercice, une action glorieuse. Le subsantif *gentillesse*, qui s'est conservé, désigne, dans une personne, un certain agrément, qu'on remarque dans la mine, dans les manières, dans les gestes, dans les propos, et dans les moindres actions du corps et de l'esprit; c'est un genre d'agrément très-séduisant dans une femme.

GLORIEUX, FIER, AVANTAGEUX, ORGUEILLEUX.

Le *glorieux* n'est pas tout-à-fait le *fier* ni l'*avantageux*, ni l'*orgueilleux*. Le *fier* tient de l'arrogant et du dédaigneux, et se communique peu. L'*avantageux* abuse de la moindre déférence qu'on a pour lui. L'*orgueilleux* étale l'excès de la bonne opinion qu'il a de lui-même. Le *glorieux* est plus rempli de vanité; il cherche plus à s'établir dans l'opinion des hommes; il veut réparer par les dehors ce qui lui manque en effet. Le *glorieux* veut paroître quelque chose; l'*orgueilleux* croit être quelque chose.

GOUT, GÉNIE.

Le *goût* est souvent séparé du *génie*; le *génie* est un pur don de la nature; ce qu'il produit est l'ouvrage d'un moment. Le *goût* est l'ouvrage de l'étude et du temps; il tient à la connoissance d'une multitude de règles, ou établies ou supposées. Il faut produire des beautés qui ne sont que des conventions.

Pour qu'une chose soit belle, suivant les règles du *goût*, il faut qu'elle soit élégante, finie, travaillée sans le paroître. Pour être de *génie*, il faut quelquefois qu'elle soit négligée, qu'elle ait l'air irrégulier, escarpé, sauvage.

Le sublime et le *génie* brillent dans Shakespear, comme des éclairs dans une longue nuit; et Racine est toujours beau, Homère est plein de *génie*, et Virgile, d'élégance.

Les règles et les lois du *goût* donneroient des entraves au *génie*, et les bases pour voler au sublime, au pathéthique, au grand. L'amour de de ce beau éternel qui caractérise la nature, la passion de conformer ses tableaux, à je ne sais quel modèle qu'il a créé, et d'après lequel il a les idées et les sentimens du beau, sont le goût de l'homme de *génie*.

Le sentiment exquis des défauts et des beautés dans les arts, constitue le *goût*. La vivacité des sentimens, la grandeur et la force de l'imagination, l'activité de la conception, sont le *génie*.

Le *goût* discerne les choses qui doivent exciter des sensations agréables. Le *génie*, par ses productions admirables, fournit des sensations piquantes et imprévues.

Le *goût* se fortifie par l'habitude, par les réflexions, par l'esprit philosophique, par le commerce des gens de *goût*. Quoique le *génie* soit un pur don de la nature, il s'étend par la connoissance des sujets qu'il peut peindre, des beautés dont il peut les embellir, des caractères, des passions qu'il veut exprimer : tout ce qui excite le mouvement des esprits, favorise, provoque, et échauffe le *génie*.

GÉNIE, GOUT, SAVOIR.

Dans les arts il ne faut pas confondre ces trois termes : ils expriment des choses entièrement différentes, mais qui s'entr'aident, et reviennent à l'unité.

Le *génie* est cette pénétration, ou cette force d'intelligence, par laquelle un homme saisit vivement une chose faite ou à faire, en arrange en lui-même le plan, puis la réalise au dehors, et la produit, soit en la faisant comprendre par le discours, soit en la rendant sensible par quelqu'ouvrage de sa main.

Le *goût*, dans les belles-lettres comme en toute autre chose, est le sentiment du beau, l'amour du bon, l'acquiescement à ce qui est bien.

Enfin le *savoir* est, dans les arts, la recherche exacte des règles que suivent les artistes, et la comparaison de leur travail avec les lois de la vérité et du bon sens.

Le *génie* vient au monde avec nous. Chacun a un tour d'esprit qui lui est particulier, comme il a un tour de visage qui diffère des traits d'autrui. Chacun a sa mesure d'intelligence, et une pente presqu'invincible pour un certain genre de travail, plutôt que pour un autre. Le *génie* ne peut guère demeurer oisif, il faut qu'il se déclare.

Il n'en est pas tout-à-fait de même de ce qu'on appelle *goût* : il se peut acquérir. Celui en qui le sentiment du beau est naturellement juste, peut ne le point produire au dehors, ni l'exercer faute d'occasion. Celui qui en montre le moins, peut l'éveiller, ou le voir naître en lui par la culture. Il n'y a personne qui n'acquière quelque sensibilité, et plus ou moins de discernement, par la dextérité d'un bon maître, par la comparaison fréquente qu'on lui fait faire des bons ouvrages, et par la constante habitude de juger de tout, suivant des règles sensées et lumineuses. C'est le *savoir* qui les lui assemble.

Le *savoir* n'est naturellement donné à personne. C'est le fruit du travail et des enquêtes. On acquiert en écoutant les maîtres, en étudiant les règles que les autres suivent, et en faisant chacun à part ses propres remarques. La science est toute entière dans l'entendement. Il y a loin d'elle au *goût* : mais le *goût* en est aidé et affermi. La force de celui-ci est dans le sentiment, et dans l'agrément de l'impression que le beau fait peu-à-peu sur nous.

Un homme qui demeuroit froid devant les gravures d'Edelink, de Pesne, et de Sadeler, ou qui voyoit du même œil les estampes historiques de Gérard Audran et les images de Malbouré, peut revenir de son indifférence, ou de sa méprise. Quelqu'un lui conseille d'apprendre les principes du dessin; il profite des lumières des grands maîtres, soit en les écoutant, soit en les lisant, on lui fait toucher au doigt en quoi celui-ci excelle, en quoi cet autre péche; le bon sens et la raison lui découvrent l'exactitude des bonnes règles, et leur fondement dans la nature; il les applique à telle et telle gravure, à tel et tel tableau; le discernement s'affermit par la comparaison du beau avec le médiocre et avec le mauvais; le plaisir et le sentiment suivent : voilà le *goût* à la suite du *savoir*.

Comme on peut donc enseigner les sciences, on peut aussi donner des leçons de *goût*; et il n'est point rare de voir un homme, auparavant insensible à la beauté des ouvrages de l'art, devenir par degrés amateur, connoisseur, et bon juge.

Il n'y a que le *génie* qui ne puisse s'acquérir, ni s'enseigner; et quoiqu'il doive beaucoup à la bonne culture, il ne faut point attendre de riches productions de celui à qui le *génie* manque. C'est aux hommes forts et vigoureux à se présenter aux exercices violens : un tempéramment foible en seroit plutôt accablé que servi; mais il peut être spectateur, et juger des coups.

De ces trois facultés, la moins commune est le *génie*: la plus stérile, quand elle est seule, est le *savoir*: la plus désirable de toutes est le *goût*; parce qu'il met le *savoir* en œuvre, qu'il empêche les écarts ou les chûtes du *génie*, et qu'il est la base de la gloire des artistes.

Ce qui nous est possible à l'égard du *génie*, est de le faire valoir, ou d'en réparer la modicité par d'autres avantages. On l'aide, en ouvrant par-tout des écoles, où s'enseignent les élémens de chaque science : nous avons beaucoup de secours pour acquérir les règles, dont la connoissance fait le *savoir*. Mais les leçons du *goût* sont moins communes. Cependant les principes du *goût* étant la source des plaisirs de l'esprit, et de la justesse qui se trouve dans les opérations du *génie*, personne ne peut raisonnablement négliger de s'en instruire; et ils demandent si peu d'efforts pour être entendus, qu'ils doivent naturellement faire partie de la première culture.

(*Ces deux articles sont de Votaire.*)

GRACIEUX, AGRÉABLE.

Ces termes ne signifient pas toujours des qualités personnelles. Le *gracieux* se dit quelquefois de ce qui flatte les sens et l'amour-propre, et l'*agréable* de ce qui convient au goût et à l'esprit. Il est *gracieux* d'avoir de beaux objets devant soi. Rien n'est plus *agréable* que la bonne compagnie; il peut être dangereux de s'approcher de ce qui est *gracieux*, et d'user de ce qui est *agréable*. On naît *gracieux*, et l'on fait l'*agréable*.

GRATITUDE, RECONNOISSANCE.

Ces deux mots désignent une même chose, le sentiment des bienfaits qu'on a reçus; avec cette différence, que le second est toujours en règne; et que le premier, quoique plus moderne, n'ayant été hasardé que sur la fin du seizième siècle, commence à vieillir dans le dix-huitième.

GRAVE, SÉRIEUX.

Un homme grave n'est pas celui qui ne rit jamais; c'est celui qui ne choque point les bienséances de son état, de son âge, et de son caractère. L'homme qui dit constamment la vérité, par haine du mensonge; un écrivain qui s'appuie toujours sur la raison; un prêtre ou un magistrat attachés aux devoirs austères de leurs professions; un citoyen obscur, mais dont les mœurs sont pures et sagement réglées, sont des personnages *graves* : si leur conduite est éclairée et leur discours judicieux, leur témoignage et leur exemple auront toujours du poids.

L'homme sérieux est différent de l'homme *grave* ; témoin Dom Quichotte, qui médite et raisonne *sérieusement* ses folles entreprises et ses aventures périlleuses. Un prédicateur qui annonce des vérités terribles sous des images ridicules, ou qui explique des mystères par des comparaisons impertinentes, n'est qu'un bouffon *sérieux*.

On peut être *sérieux* par humeur, et même faute d'idées. On est *grave* par bienséance, ou par l'importance des idées qui donnent de la *gravité*.

HABILE, CAPABLE.

Habile en général signifie plus que *capable*, soit qu'on parle d'un général, ou d'un savant, ou d'un juge. Un homme peut avoir lu tout ce qu'on a écrit sur la guerre, et même l'avoir vu, sans être *habile* à la faire : il peut être *capable* de commander; mais pour acquérir le nom d'*habile* général, il faut qu'il ait commandé plus d'une fois avec succès. Un juge peut savoir toutes les lois sans être *habile* à les appliquer. Le savant peut n'être *habile* ni à écrire, ni à enseigner.

L'*habile* homme est donc celui qui fait un grand usage de ce qu'il sait. Le *capable* peut, et l'*habile* exécute.

HABITATION, MAISON, SÉJOUR, DOMICILE, DEMEURE.

Une *habitation* est un lieu qu'on habite quand on veut. On a une *maison*, dans un endroit qu'on n'habite pas; un *séjour*, dans un endroit qu'on n'habite que par intervalle; un *domicile*, dans un endroit qu'on fixe aux autres comme le lieu de sa résidence ; une *demeure*, par tout où l'on se propose d'être long-tems.

Après le *séjour* assez court et assez troublé que nous faisons sur la terre, un tombeau est notre dernière *demeure*.

HAINE, ANTIPATHIE, AVERSION, RÉPUGNANCE.

La *haine* est pour les personnes, l'*aversion* et l'*antipathie* pour tous indistinctement, et la *répugnance* pour les actions. La *haine* est plus volontaire que l'*aversion*, l'*antipathie*, et la *répugnance* : celles-ci ont plus de rapport au tempéramment. Les causes de l'*antipathie* sont plus secrètes que celles de l'*aversion*. La *répugnance* est moins durable que l'une et l'autre. Nous haissons les vicieux : nous avons de l'*aversion* pour leurs actions ; nous sentons de l'*antipathie* pour certaines gens, dès la première fois que nous les voyons. Il y a des démarches que nous faisons avec *répugnance*. La *haine* noircit, l'*aversion* éloigne des personnes, l'*antipathie* fait détester, la *répugnance* empêche qu'on imite.

HAUTAIN, HAUT.

Hautain est toujours pris en mauvaise part ; c'est l'orgueil qui s'annonce par un extérieur arrogant : c'est le plus sûr moyen de se faire haïr, et le défaut dont on doit le plus soigneusement corriger les enfans. On peut être *haut* dans l'occasion avec bienséance.

Un prince peut et doit rejetter, avec une *hauteur* héroïque, des propositions humiliantes ; mais non pas avec des airs *hautains*, un ton *hautain*, des paroles *hautaines*.

Une ame *haute* est grande ; une ame *hautaine* est superbe.

On peut avoir le cœur *haut* avec beaucoup de modestie ; on n'a point l'humeur *hautaine* sans un peu d'insolence. L'insolent est à l'égard du *hautain* ce qu'est le *hautain* à l'égard de l'impérieux : ce sont des nuances qui se suivent ; et ces nuances sont ce qui détruit les synonymes.

HÉROS, GRAND HOMME.

Le terme de *héros*, dans son origine, étoit consacré à celui qui réunissoit les vertus guerrières aux vertus morales et politiques, qui soutenoit les revers avec constance, et qui affrontoit les périls avec fermeté. L'*héroïsme* supposoit le *grand homme*. Dans la signification qu'on donne à ce mot aujourd'hui, il semble n'être uniquement consacré qu'aux guerriers, qui portent au plus haut degré les talens et les vertus militaires; vertus qui souvent, aux yeux de la sagesse, ne sont que des crimes heureux qui ont usurpé le nom de vertus, au lieu de celui de qualités.

On définit un *héros*, un homme ferme contre les difficultés, intrépide dans le péril, et très-vaillant dans les combats; qualités qui tiennent plus du tempéramment et d'une certaine conformation des organes, que de la noblesse de l'ame. Le *grand homme* est bien autre chose: il joint, aux talens et au génie, la plupart des vertus morales; il n'a dans sa conduite que de beaux et de nobles motifs; il n'envisage que le bien public, la gloire de son prince, la prospérité de l'État, et le bonheur des peuples. Le nom de César donne l'idée d'un *héros*; celui de Trajan, de Marc-Aurele ou d'Alfrede, nous présente un *grand homme*. Titus réunissoit les qualités de *héros* et celles de *grand homme*.

Le titre de *héros* dépend du succès ; celui de *grand homme* n'en dépend pas toujours ; son principe est la vertu qui est inébranlable dans la prospérité comme dans les malheurs. Le titre de *héros* ne peut convenir qu'aux guerriers ; mais il n'est point d'état qui ne puisse prétendre au titre sublime de *grand homme* ; le *héros* y a même plus de droit qu'un autre.

Enfin, l'humanité, la douceur, le patriotisme, réunis aux talens, sont les vertus du *grand homme* ; la bravoure, le courage, souvent la témérité, la connoissance de l'art de la guerre, et le génie militaire, caractérisent davantage le *héros*. Mais le parfait *héros* est celui qui joint à toute la capacité et à toute la valeur d'un grand capitaine, un amour et un desir sincère de la félicité publique.

HONORAIRE, APPOINTEMENS, GAGES.

Termes relatifs à une rétribution accordée pour des services rendus. C'est la manière dont la rétribution est accordée ; c'est la nature des services rendus qui fait varier leurs acceptions. D'abord, *appointemens* et *gages* ne se disent qu'au pluriel, et *honoraire* se dit au singulier et au pluriel. *Gages* n'est d'usage qu'à l'égard des domestiques, ou de ceux qui se louent pour des occupations serviles. *Appointemens* est relatif à tout ce qui est en place, depuis la commission la plus petite, jusqu'aux plus grands emplois. *Honoraire* a lieu pour les hommes qui enseignent quelques sciences, ou pour ceux à qui on a recours, dans l'espérance d'en recevoir un conseil salutaire, ou quelqu'autre avantage qu'on obtient de leurs fonctions, ou de leurs lumières. Les *gages* varient d'un homme à un autre. Les *appointemens*, attachés aux postes, sont fixes, et communément les mêmes. Les *honoraires* se règlent entre le maître et le disciple. *Gage* marque toujours quelque chose de bas. *Appointement* n'a point cette idée. *Honoraire* réveille l'idée contraire.

HUMEUR, FANTAISIE, CAPRICE.

Ces trois mots désignent en général un sentiment vif et passager dont nous sommes affectés sans sujet; avec cette différence que *caprice* et *humeur* tiennent plus au caractère, et *fantaisie* aux circonstances, ou à un état qui ne dure pas, et qu'*humeur* emporte outre cela avec lui une idée de tristesse. Une coquette a des *caprices*; un hypocondre, un misanthrope, ont de l'*humeur*; une femme grosse, un enfant, ont des *fantaisies*. *Fantaisie* a rapport à ce qu'on desire; *caprice* à ce qu'on dédaigne; *humeur* à ce qu'on entend ou qu'on voit. De ces trois mots, *fantaisie* est le seul qui s'applique aux animaux, *humeur* le seul qui s'applique aux hommes, *caprice* le seul qui s'applique aux êtres moraux : on dit les *caprices* du sort.

ILLUSTRE, ILLUSTRATION, ILLUSTRER.

Un homme *illustre* est celui qui a mérité l'estime et la considération générale de sa nation, par quelque qualité excellente. On peut naître d'une maison *illustre*, et n'être qu'un homme ordinaire, et réciproquement. Plutarque a écrit la vie des hommes *illustres*, grecs et romains. La maison de Bourbon est la plus *illustre* en Europe. On lit dans le dictionnaire de Trévoux : Cicéron a été le plus *illustre* orateur de son tems ; Virgile, le plus *illustre* des poëtes. Je ne sais si ces deux phrases sont d'une grande pureté. Il est certain que le mot *illustre* ne se dit pas aussi bien en pareil cas, que le mot *grand*. Cicéron a été l'orateur le plus *grand* des orateurs de son tems ; Virgile, le plus *grand* des poëtes. Un peintre, un statuaire, un musicien, peut *s'illustrer* dans son art. *Illustre* s'applique rarement aux choses, et je n'aime pas. Les rois d'Egypte ont été ceux qui ont laissé de plus *illustres* marques de leur grandeur ; il se prend toujours en bonne part. Un scélérat n'est point *illustre ;* il est *fameux*, il est *insigne*. Les écrivains hardis se jouent de toutes ces petites nuances.

IMITER, COPIER, CONTREFAIRE.

Termes qui désignent en général l'action de faire ressembler.

On *imite* par estime ; on copie par sterilité ; on *contrefait* par amusement ; on *imite* un ouvrage ; on copie un *tableau* ; on *contrefait* une personne : on *imite* en embellissant ou en gâtant ; on *copie* servilement ; on *contrefait* en chargeant.

INCLINATION, PENCHANT.

L'*inclination* s'acquiert, le *penchant* est inné, le *penchant* est violent, l'*inclination* est douce. On suit son *inclination*, le *penchant* entraîne. Ils se prennent l'un et l'autre en bonne et mauvaise part. On a des *penchans* honnêtes, et des *inclina-*

tions droites, et des *inclinations* perverses, et des *penchans* honteux.

INCONGRU, INCONGRUITÉ.

Le premier se dit des fautes contre la langue ou la logique ; et le second, des fautes contre l'honnêteté, la bienséance, et les usages reçus.

INDIFFÉRENCE, INSENSIBILITÉ.

L'*indifférence* est à l'ame ce que la tranquillité est au corps ; et la létargie est au corps, ce que l'*insensibilité* est à l'ame : ces dernières modifications sont, l'une et l'autre, l'excès des deux premières, et par conséquent également vicieuses.

L'*indifférence* chasse du cœur les mouvemens impétueux ; les desirs fantasques, les inclinations aveugles : l'*insensibité* en ferme l'entrée à la tendre amitié, à la noble reconnoissance, à tous les sentimens les plus justes et les plus légitimes.

L'*indifférence*, détruisant les passions, ou plutôt naissant de leur non-existence, fait que la raison sans rivales exerce plus librement son empire : l'*insensibilité*, détruisant l'homme lui-même, en fait un être sauvage et isolé, qui a rompu la plupart des liens qui l'attachoient au reste de l'univers.

Par l'*indifférence* enfin l'ame tranquille et calme ressemble à un lac, dont les eaux, sans pente, sans courant, à l'abri de l'action des vents, et n'ayant d'elles-mêmes aucun mouvement particulier, ne prennent que celui que la rame du batelier leur imprime ; et rendue léthargique par l'*insensibillté*, elle est semblable à ces mers glaciales, qu'un froid excessif engourdit jusques dans le fond de leurs abîmes, et dont il a tellement durci la surface, que les impressions de tous les objets qui la frappent y meurent, sans pouvoir passer plus avant, et même y avoir causé le moindre ébranlement, ni l'altération la plus légère.

L'*indifférence* fait des sages, et l'*insensibilité* fait des monstres.

INFECT, INFECTER.

Ces mots viennent du latin, *inficere*, imprégner, teindre, et nous les avons transportés de la couleur aux odeurs. Un lieu, un air, un corps sont *infect*, lors qu'ils offensent l'odorat par une forte odeur de putréfaction. *Infect* ne se prend qu'au physique; *infecter* se prend au moral. L'hérésie a *infecté* cette province; l'air du monde est *infecté*.

JOIE, GAIETÉ.

Ces deux mots marquent également une situation agréable de l'ame, causée par le plaisir, ou par la possession d'un bien qu'elle éprouve. Mais la *joie* est plus dans le cœur; et la *gaieté*, dans les manières : la *joie* consiste dans un sentiment de l'ame plus fort, dans une satisfaction plus pleine ; la *gaieté* dépend davantage du caractère, de l'humeur, du tempéramment : l'une, sans paroître toujours au-dehors, fait une vive impression au-dedans ; l'autre éclate dans les yeux et sur le visage : on agit par *gaieté*, on est affecté par la *joie*.

Les degrés de la *gaieté* ne sont ni bien vifs, ni bien étendus : mais ceux de la *joie* peuvent être portés au plus haut période ; ce sont alors des transports, des ravissemens, une véritable ivresse.

Une

Une humeur enjouée jette de la *gaieté* dans les entretiens; un évènement heureux répand la *joie* jusques au fond du cœur. On plaît aux autres par la *gaieté*; on peut tomber malade, et mourir de *joie*.

La *gaieté* est opposée à la tristesse, comme la *joie* l'est au chagrin. La *joie* et le chagrin sont des situations; la *tristesse* et la *gaieté* sont des caractères: mais les caractères les plus suivis sont souvent distraits par les situations; et c'est ainsi qu'il arrive à l'homme triste d'être ivre de *joie*; et à l'homme *gai*, d'être accablé de chagrin.

JONCTION, UNION.

Quoique ces deux mots désignent également la liaison de deux choses ensemble, les Latins ont rendu communément le premier par *jonctio*, et le second, par *consensus*. La *jonction*, dit l'abbé Girard, regarde proprement deux choses éloignées, qu'on rapproche ou qui se rapprochent l'une auprès de l'autre. L'*union* regarde particulièrement deux différentes choses qui se trouvent bien ensemble. Le mot de *jonction* semble supposer une marche ou quelque mouvement; celui d'*union* renferme une idée d'accord, ou de convenance. On dit la *jonction* des armées, et l'*union* des couleurs. La *jonction* de deux rivières, et l'*union* de deux voisins; ce qui n'est pas *joint*, est séparé; ce qui n'est pas *uni*, est divisé. On se *joint* pour se rassembler, et n'être pas seuls; on s'unit pour former des corps de société.

Union s'emploie souvent au figuré, et toujours avec grace; mais on ne se sert de *jonction* que dans le sens littéral. La *jonction* des ruisseaux forme les rivières; l'*union* soutient les familles, et la puissance des Etats.

La *jonction* de l'Océan et de la Méditérannée, par le canal du Languedoc, est un projet magnifique, conçu d'abord sous François Ier, renouvellé sous Henri IV, et finalement exécuté sous Louis XIV, par les soins de M. Colbert. La sympathie qui forme si promptement l'*union* des cœurs, qui fait que deux ames assorties se cherchent, s'aiment, s'attachent l'une à l'autre, est une chose aussi rare que délicieuse.

JUSTIFIER, DÉFENDRE.

L'un et l'autre veut dire, travailler à établir l'innocence ou le droit de quelqu'un. En voici les différences. *Justifier* suppose le bon droit ou au moins le succès. *Défendre* suppose seulement le desir de réussir. Cicéron *défendit* Milon; mais il ne put parvenir à le *justifier*. L'innocence a rarement besoin de se *dé-*

fendre. Le tems la *justifie* presque toujours.

LACHETÉ, POLTRONERIE.

La *lâcheté* fait qu'on n'ose s'exposer au danger ; la *poltronerie* fait qu'on n'ose avancer. Le *lâche* ne se défend pas, le *poltron* n'attaque point. Les hommes *lâches* ne sauroient résister à un parti ; les *poltrons* ne sauroient donner aucun secours ; ceux-ci craignent le danger, et diffèrent des premiers en ce qu'ils s'exposent au danger, malgré la crainte ; au lieu que les *lâches* n'ont pas même le courage de voir le danger. La *lâcheté* est un vice, et la *poltronerie* n'est qu'une foiblesse causée par la surprise du danger, et par l'amour que tout individu a pour sa conservation.

LACONIQUE, CONCIS.

L'idée commune attachée à ces deux mots est celle de *brièveté*. Voici les nuances qui les distinguent.

Laconique se dit des choses et des personnes ; *concis* ne se dit guères que des choses, et principalement des ouvrages et du style ; au lieu que *laconique* se dit principalement de la conversation, ou de ce qui y a rapport.

Un *homme très-laconique*, une *réponse laconique*, une *lettre laconique* ; un *ouvrage concis*, un *style concis*.

Laconique suppose nécessairement peu de paroles ; *concis* ne suppose que les paroles nécessaires. Un ouvrage peut-être long et *concis*, lorsqu'il embrasse un grand sujet. Une réponse, une lettre, ne peuvent être à la fois longues et *laconiques*.

Laconique suppose une sorte d'affectation et une espèce de défaut ; *concis* emporte pour l'ordinaire une idée de perfection : voilà un compliment bien *laconique* ; voilà un discours bien *concis* et bien énergique.

LAID, DIFFORME.

Laid suppose des défauts, et *difforme* suppose des défectuosités. La *laideur* dégoûte, la *difformité* blesse.

LAMENTATION, PLAINTE.

La *lamentation* est une *plainte* forte et continuée. La *plainte* s'exprime par le discours ; les gémissemens accompagnent la *lamentation*.

On se *lamente* dans la douleur ; on se *plaint* du malheur.

L'homme qui se *plaint* demande

justice ; celui qui se *lamente* , implore la pitié.

LÉGÈRE , INCONSTANTE, VOLAGE , CHANGEANTE.

Tous ces mots sont synonymes. Ce sont des métaphores empruntées de différens objets : *Léger*, des corps, tels que les plumes, qui, n'ayant pas assez de masse, eu égard à leur surface, sont détournées et emportées çà et là à chaque instant de leur chûte ; *inconstant*, de l'atmosphère de l'air et des vents ; *volage*, des oiseaux ; *changeant*, de la surface de la terre ou du ciel, qui n'est pas un moment la même.

MAGASIN, ATTELIER, BOUTIQUE, CHANTIER.

L'*attelier*, le *chantier* et la *bouti-*

que, sont les uns et les autres des lieux où l'on travaille ensemble et séparément. Mais l'*attelier* se dit des peintres, des sculpteurs, des fondeurs, et de quelques-autres : le *chantier*, des charpentiers, marchands de bois, constructeurs des vaisseaux; et la *boutique*, de presque tous les autres arts méchaniques; le *chantier* est ordinairement plus grand que l'*attelier*, et l'*attelier* plus grand que la *boutique* ; l'*attelier* et la *boutique* sont couverts ; le *chantier* ne l'est pas toujours, ni presque jamais en entier. L'*attelier* et le *chantier* sont des bâtimens séparés. La *boutique* et le *magasin* sont des lieux particuliers d'un bâtiment. Le premier a communément une ouverture sur la rue. Les ouvrages se font dans l'*attelier* et dans la *boutique*, se renferment dans le *magasin*, et restent au contraire sur le *chantier*, jusqu'à ce qu'ils soient employés ou vendus.

MAINTIEN, CONTENANCE.

Ces deux termes sont également destinés à exprimer l'habitude extérieure de tout le corps, relativement à quelques vues ; et c'est la différence de ces vues qui distingue ces deux synonymes.

Le *maintien* est le même pour tous les états, et ne varie qu'à raison des circonstances. La *contenance* varie aussi selon les circonstances ; mais chaque état a la sienne.

Le *maintien* est pour marquer des égards aux autres hommes ; il est bon quand il est honnête. La *contenance* est pour en imposer aux autres hommes ; elle est bonne quand elle annonce ce qu'elle doit annoncer dans l'occasion : celle du prêtre doit être grave, modeste, recueillie ; celle du magistrat, grave et sérieuse ; celle du militaire, fière et délibérée, etc. D'où il suit qu'il ne faut avoir de la *contenance* que quand on est en exercice ; mais il faut toujours avoir un *maintien* honnête et décent. Le *maintien* est pour la société ; il est de tous les temps : la *contenance* est pour la représentation ; hors de là, c'est pédantisme.

Le *maintien* séant marque de l'éducation, et même du jugement ; il décèle quelquefois des vices ; il ne faut pas trop compter sur les vertus qu'il semble annoncer, il prouve plus en mal qu'en bien. La *contenance* indique, selon les conjectures, de l'assurance, de la fermeté, de l'usage, de la présence d'esprit, de l'aisance, du courage, etc. ; et marque qu'on a vraiment ces dispositions, soit dans le cœur, soit dans l'esprit : mais elle est souvent un masque imposteur. Il y a une infinité de bonnes *contenances*, parce qu'il y a des états différens, et que les positions varient :

mais il n'y a qu'un bon *maintien*, parce que l'honnêteté civile est une et invariable.

MALHEUREUX, MISÉRABLE.

On dit indifféremment une vie *malheureuse*, une vie *misérable*. C'est un homme *misérable*; mais il y des endroits où l'un de ces deux mots est bon, et l'autre ne vaut rien. On est *malheureux* au jeu, on n'y est pas *misérable*; mais on devient *misérable* en perdant beaucoup au jeu. *Misérable* semble marquer un état fâcheux, soit que l'on y soit né, soit que l'on y soit tombé. *Malheureux*, semble marquer un accident qui arrive tout-à-coup, et qui ruine une fortune naissante ou établie. On plaint proprement les *malheureux*; on assiste les *misérables*. Voici deux vers de Racine, qui expriment fort bien la différence de ces deux mots.

Haï, craint, envié, souvent plus *misérable*
Que tous les *malheureux* que mon pouvoir accable.

De plus, *misérable* a d'autres sens que *malheureux* n'a pas. Car on dit d'un méchant auteur, et d'un méchant ouvrage : c'est un auteur *misérable*, cela est *misérable*. On dit encore à-peu-près dans le même sens : vous me traitez comme un *misérable*, c'est-à-dire, vous n'avez nulle considération, nul égard pour moi. On dit encore, c'est un *misérable*, en parlant d'un homme méprisable par sa bassesse et par ses vices. Enfin, *misérable* s'applique aux choses inanimées, aux tems, aux saisons.

MALICE, MALIGNITÉ, MÉCHANCETÉ.

Ces mots expriment tous trois une disposition à nuire, contraire par conséquent

onséquent à cette bienveillance universelle, également recommandée par la loi naturelle et par la religion.

Il y a dans la *malice*, de la facilité et de la ruse, peu d'audace, point d'atrocité. Le *malicieux* veut faire de petites peines, et non causer de grands malheurs; quelquefois il veut seulement se donner une sorte de supériorité sur ceux qu'il tourmente: il s'estime de pouvoir le mal, plus qu'il n'a de plaisir à en faire.

Il y a dans la *malignité* plus de suite, plus de profondeur, plus de dissimulation, plus d'activité, que dans la *malice*.

La *malignité* n'est pas aussi dure et aussi atroce que la *méchanceté*; elle fait verser des larmes, mais elle s'attendriroit peut-être si elle les voyoit couler.

Le substantif *malignité* a une toute autre force que son adjectif *Malin*;

on permet aux enfans d'être *malins*; on ne leur passe la *malignité* en quoi que ce soit, parce que c'est l'état d'une ame qui a perdu l'instinct de la bienveillance, qui desire le malheur de ses semblables, et souvent en jouit.

MANIÈRES, FAÇONS.

Les *manières* sont de l'expression des mœurs de la nation ; les *façons* sont une charge des *manières*, ou des *manières* plus recherchées dans quelques individus. Les *manières* deviennent *façons*, quand elles sont affectées ; les *façons* sont des *manières* qui ne sont générales, et qui sont propres à un certain caractère particulier, d'ordinaire petit et vain.

MALTRAITER, TRAITER MAL.

Maltraiter dit quelque chose de

pire que *traiter mal*; il signifie outrager quelqu'un, soit de paroles, soit de coup de main; il désigne à ces deux égards des traitemens violens; et quand on marque la manière de traitement violent, on se sert du mot *maltraiter*. Un brave homme ne se laisse point *maltraiter* par des injures : des assasins l'ont si *maltraité*, qu'on craint pour sa vie. *Maltraiter*, dans le sens de faire mauvaise chère, ne se dit qu'au passif. Comme on est fort *mal traité* dans cet auberge ! Nous avons dînés hier chez un gentilhomme, où nous fûmes très-*mal traités*. *Traiter mal*, se dit figurément du jeu de la fortune.

MÉFIANCE, DÉFIANCE.

La *méfiance* est une crainte habituelle d'être trompé. La *défiance* est un doute, que les qualités qui nous seroient utiles ou agréables soient dans les hommes, ou dans les choses, ou en nous-mêmes.

La *méfiance* est l'instinct du caractère timide et pervers. La *défiance* est l'effet de l'expérience et de la réflexion.

Le *méfiant* juge les hommes par lui-même, et les craint. Le *défiant* en pense mal, et en attend peu.

On naît *méfiant*. Pour être *défiant*, il suffit de penser, d'observer et d'avoir vécu.

On se *méfie* du caractère et des intentions d'un homme. On se *défie* de son esprit et de ses talens.

MÉFIER (se), DÉFIER (se).

Ces deux mots marquent en général le défaut de confiance en quelqu'un ou en quelque chose, avec les différences suivantes.

1°. Se *méfier* exprime un sentiment plus foible, que se *défier*. Exemple: cet homme ne me paroît pas franc, je m'en *méfie*: cet autre est un fourbe avéré, je m'en *défie*.

2°. Se *méfier* marque une disposition passagère et qui pourra cesser. Se *défier* est une disposition habituelle et constante. Exemple: il faut se *méfier* de ceux qu'on ne connoît pas encore, et se *défier* de ceux dont on a été une fois trompé.

3°. Se *méfier* appartient plus au sentiment dont on est affecté actuellement; se *défier* tient plus au caractère. Exemple : il est presque également dangereux dans la société de n'être jamais *méfiant*, et d'avoir le caractère *défiant* ; de ne se *méfier* de personne, et de se *défier* de tout le monde.

4°. On se *méfie* des choses qu'on croit ; on se *défie* des choses qu'on ne croit pas. Je me *méfie* que cet homme est un fripon, et je me *défie* de la vertu qu'il affecte. Je me *méfie* qu'un tel dit du mal de moi ; mais quand il en diroit du bien, je me *défierois* de ses louanges.

5°. On se *méfie* des défauts, on se *défie* des vices. Exemple : il faut se *méfier* de la légèreté des hommes et se *défier* de leur perfidie.

6°. On se *méfie* des qualités de l'esprit, on se *défie* de celles du cœur. Exemple : je me *méfie* de la capacité de mon intendant, et je me *défie* de sa probité.

7°. On se *méfie* dans les autres d'une bonne qualité qui est réellement en eux, mais dont on n'attend pas l'effet qu'elle semble promettre ; on se *défie* d'une bonne qualité qui n'est qu'apparente. Exemple : un général d'armée dira : Je n'ai point donné de bataille cette campagne, parce que je me *méfiois* de l'ardeur que mes troupes témoignoient, et qui n'auroit pas duré long-tems, et que je me *défiois* de la bonne volonté apparente de ceux qui devoient exécuter mes ordres.

8°. Au contraire, quand il s'agit de soi-même, on se *méfie* d'une mauvaise qualité qu'on a, on se *défie* d'une bonne qualité dont on n'attend pas tout l'effet qu'elle semble promettre. Exemple : il faut se *méfier* de sa foiblesse, et se *défier* quelquefois de ses forces mêmes.

9°. La *méfiance* suppose qu'on fait peu de cas de celui qui en est l'objet ; la *défiance* suppose quelquefois de l'estime. Exemple : un général habile doit quelquefois se *méfier* de l'habileté de ses lieutenans, et se *défier* toujours des mouvemens qu'un ennemi actif et rusé fait en sa présence.

Se *méfier* est n'avoir point de confiance ; se *défier* est avoir le sentiment opposé à la confiance même.

L'un suppose ou du moins permet de l'incertitude dans l'ame ; l'autre exprime une manière de penser décidée.

On se *méfie* de ceux dont on soupçonne la probité, l'intelligence.....; l'inimitié connue, et soutenue du pouvoir, inspire la *défiance*.

On se *méfie* de sa maîtresse dont on craint la légèreté ; on se *défie* de son rival dont on connoît les desseins.

On peut se *méfier* de ses talens; on doit se *défier* des penchans de son cœur.

Un honnête homme peut être craint, on s'en *défie* ; mais on ne s'en *méfie* pas.

Un général doit user de *méfiance* avec un espion, et de *défiance* avec le général qui lui est opposé.

Il faut se *méfier* des frippons, et se *défier* de ses ennemis ; c'est-à-dire, imaginer que les uns sont capables de tromperie, et être sûr que les autres veulent nuire.

MÉMOIRE, SOUVENIR, RESSOUVENIR, RÉMINISCENCE.

Ces quatre mots expriment également l'attention renouvellée de l'esprit à des idées qu'il a déjà apperçues. Mais la différence des points de vue accessoires qu'ils ajoutent à cette idée commune, assigne à ces mots des caractères distinctifs, qui n'échappent point à la justesse des bons écrivains, dans le tems même qu'ils s'en doutent le moins.

La *mémoire* et le *souvenir* expriment une attention libre de l'esprit à des idées qu'il n'a point oubliées, quoiqu'il ait discontinué de s'en occuper : les idées avoient fait des impressions durables, on y jette par choix un nouveau coup d'œil ; c'est une action de l'ame.

Le *resssouvenir* et la *réminiscence* expriment une attention fortuite à des idées, que l'esprit avoit entièrement oubliées et perdues de vue; ces idées n'avoient fait qu'une impression légère, qui avoit été étouffée, ou totalement effacée par de plus fortes ou de plus récentes; elles se présentent d'elles-mêmes, ou du moins sans aucun concours de notre part; c'est un événement où l'ame est purement passive.

On se rappelle donc la *mémoire* ou le *souvenir* des choses, quand on veut; cela dépend uniquement de la liberté de l'ame. Mais la *mémoire* ne concerne que les idées de l'esprit; c'est l'acte d'une faculté subordonnée à l'intelligence, elle sert à l'éclairer : au lieu que le *souvenir* regarde les idées qui intéressent le cœur, c'est l'acte d'une faculté nécessaire à la sensibilité, elle sert à l'échauffer.

C'est dans ce sens que l'auteur du

Père de Famille a écrit : « Rapportez tout au dernier moment, à ce moment, où la *mémoire* des faits les plus éclatans, ne vaudra pas le *souvenir* d'un verre d'eau présenté par humanité à celui qui avoit soif. » On peut dire aussi dans le même sens, qu'une ame bienfaisante ne conserve aucun *souvenir* de l'ingratitude de ceux à qui elle a fait du bien; ce seroit se déchirer elle-même, et détruire son penchant favori : cependant elle en garde la *mémoire*, pour apprendre à faire le bien ; c'est le plus précieux et le plus négligé de tous les arts.

On a le *ressouvenir* ou la *réminiscence* des choses, quand on peut ; cela tient à des causes indépendantes de notre liberté. Mais le *ressouvenir* ramène tout-à-la-fois les idées effacées et la conviction de leur préexistence; l'esprit les reconnoît : au lieu que la *réminiscence* ne fait que réveiller les idées anciennes, sans rappeller aucune trace de cette préexistence : l'esprit croit les connoître pour la première fois.

L'attention que nous donnons à certaines idées, soit par notre choix, soit par quelqu'autre cause, nous porte souvent vers des idées toutes différentes, qui tiennent aux premières par des liens très-délicats, et quelquefois même imperceptibles. S'il n'y a entre ces idées que la liaison accidentelle qui peut venir de notre manière de voir, ou si cette liaison est encore sensible, nonobstant les autres liens qui peuvent les attacher l'une à l'autre : nous avons alors, par les unes, le *ressouvenir* des autres ; nous reconnoissons les premières traces. Mais si la liaison que notre ancienne manière de voir a mise entre ces idées, n'a pas fait sur nous une impression sensible, et que nous n'y distinguions que le lien
apparent

apparent de l'analogie, nous pouvons n'avoir alors, des idées postérieures, qu'une *réminiscence*, jouir sans scrupule du plaisir de l'invention, et être même plagiaires de bonne foi ; c'est un piège ou maints auteurs ont été pris.

MÉNAGE, MÉNAGEMENT, ÉPARGNE.

On se sert du mot de *ménage* en fait de dépense ordinaire ; de celui de *ménagement* dans la conduite des affaires, et de celui d'*épargne* à l'égard des revenus.

Le *ménage* est le talent des femmes ; il empêche de se trouver court dans le besoin. Le *ménagement* est du ressort des maris ; il fait qu'on n'est jamais dérangé. L'*épargne* convient aux pères, elle sert à amasser pour l'établissement de leurs enfans.

Y

MENER, REMENER, AMENER, RAMENER, EMMENER, REMMENER.

Mener, signifie conduire d'un lieu où on est, en un lieu où on n'est pas. *Remener*, c'est conduire une seconde fois au même lieu ; comme *menez*-moi aux Thuileries ; *ramenez*-moi encore ce soir aux Thuileries, et vous m'obligerez. *Amener*, c'est conduire au lieu où on est. *Ramener*, c'est conduire une seconde fois au lieu où on est. Il m'a *amené* aujourd'hui son cousin, et il m'a promis de me le *ramener* demain. *Emmener* se dit quelquefois, quand on veut se défaire d'un homme. Comme *emmenez* cet homme ; il signifie d'ordinaire, *mener* en quelque lieu ; mais alors on ne nomme jamais l'endroit. Exemple : voilà un homme que les archers *emmenent*. *Remmener*, c'est

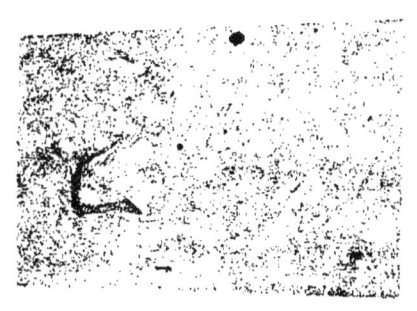

emmener une seconde fois. Comme les archers *remmènent* encore ce prisonnier. Lorsqu'on nomme le lieu, il faut dire : voilà un homme que les archers *mènent* à la Force ; les archers *remènent* cet homme en prison une seconde fois.

MÉPRISER, DÉPRISER.

Mépriser, est ne faire aucun cas d'une chose. *Dépriser*, c'est ôter du prix, du mérite, de la valeur d'une chose : *mépriser* dit donc infiniment plus que *dépriser*. Un acheteur peut *dépriser* une bonne marchandise que le vendeur prise tout haut. On peut *dépriser* les choses au-delà de l'équité; mais on *méprise* les vices bas et honteux. On *déprise* souvent les choses les plus estimables ; mais on ne sauroit les *mépriser*. Tout le monde *méprise* la sordide avarice ; et quelques gens seulement *déprisent* les avantages de la science. Le premier sentiment est fondé dans la nature; l'autre est une folle vengeance de l'ignorance. En vain une parodie tenteroit de jetter du ridicule sur une belle scène de Corneille; tous ses traits ne sauroient la *dépriser*. En vain s'attache-t-on quelquefois à *dépriser* certaines personnes pour faire croire qu'on les *méprise*. Cette affectation est au contraire le langage de la jalousie, un chagrin de ne pouvoir *mépriser* ceux contre lesquels on déclame avec hauteur. La grandeur d'ame *méprise* la vengeance; l'envie s'efforce à *dépriser* les belles actions; l'émulation les prise, les admire, et tâche de les imiter.

Notre langue dit *estimer* et *estime*, *mépriser* et *mépris*; mais elle ne dit que *dépriser*, et n'a point adopté *dépris*. Cependant ce substantif nous manque dans quelques occasions où il seroit nécessaire pour désigner le sentiment qui tient le milieu entre l'*estime* et le *mépris*, et pour exprimer, comme fait le verbe, cette différence. Par exemple, le *dépris* des richesses, des honneurs, etc., seroit un terme plus juste, plus exact que celui de *mépris* des richesses, des honneurs, etc., que nous employons; parce que le mot de *mépris* ne doit tomber que sur des choses basses, honteuses; et que ni les richesses, ni les honneurs, ne sont point dans ce cas, quoiqu'on puisse les trop estimer, et les *priser* au-delà de leur valeur.

MITIGER, ADOUCIR.

Adoucir diminue la rigueur de la règle par la dispense d'une partie de ce qu'elle prescrit, et par la tolérance des légères inobservations. La *miti-*

ger diminue la rigueur de la règle par la réforme de ce qu'elle a de rude, ou de trop difficile ; c'est une constitution, sinon constante, du moins autorisée pour un tems. *Adoucir* dépend de la facilité ou de la bonté d'un supérieur. *Mitiger* est l'effet de la réunion des volontés, ou de la convention des membres d'un corps, ou de la loi d'un maître, selon le gouvernement. *Adoucir* et *mitiger* ont encore une légère différence qui n'est pas renfermée évidemment dans la distinction qui précède. Exemple : On *adoucit* les peines d'un ami ; on *mitige* le châtiment d'un coupable.

MOQUERIE, PLAISANTERIE.

La *moquerie* se prend toujours en mauvaise part, et la *plaisanterie* n'est pas toujours offensante. La *mo-*

querie est une dérision qui marque le mépris qu'on a pour quelqu'un, et c'est une des manières dont il se fait le mieux entendre. L'injure même est plus pardonnable ; car elle ne désigne ordinairement que la colère, qui n'est pas incompatible avec l'estime. La *plaisanterie*, bornée à un badinage fin et délicat, peut s'employer avec ses amis et les gens polis; autrement elle devient blamable et dangereuse. Tout ce qui intéresse la réputation ne doit point s'appeler *plaisanterie* ; comme tout ce qui est d'un badinage innocent, ne doit point passer pour *moquerie*.

MODIFICATION, MODIFIER, MODIFICATIF, MODIFIABLE.

Dans l'école, *modification* est synonyme à mode ou accident. Dans l'usage commun de la société, il se dit des choses et des personnes : des choses, par exemple, d'un acte, d'une promesse, d'une proposition, lorsqu'on la restreint à des bornes dont on convient. L'homme libre, ou non, est un être qu'on *modifie*. Le *modificatif* est la chose qui *modifie*. Le *modifiable* est la chose qu'on peut *modifier*. Un homme qui a de la justesse dans l'esprit, et qui sait combien il y a peu de propositions généralement vraies en morale, les énonce toujours avec quelque *modificatif* qui les restreint à leur juste étendue, et qui les rend incontestables dans la conversation et dans les écrits. Il n'y a point de cause qui n'ait son effet, il n'y a point d'effet qui ne *modifie* la cause sur laquelle la chose agit. Il n'y a pas un atôme dans la nature qui ne soit exposé à l'action d'une infinité de causes diverses; il n'y a pas une de ces causes qui s'exercent de la même manière en deux points différens de l'espace; il n'y a pas donc deux abîmes rigoureusement semblables dans la nature. Moins un être est libre, plus on est sûr de le *modifier*, et plus la *modification* lui est nécessairement attachée. Les *modifications* qui nous ont été imprimées, nous changent sans ressource, et pour le moment, et pour toute la suite de la vie, parce qu'il ne se peut jamais, faire que ce qui a été une fois tel, n'ait pas été tel.

OFFENSE, OFFENSER, OFFENSEUR, OFFENSÉ.

L'*offense* est toute action injuste, considérée relativement au tort qu'un autre en reçoit, ou dans sa personne, ou dans la considération publique, ou dans sa fortune. Il est des *offenses* qu'on ne peut mépriser ; il n'y a que celui qui l'a reçue qui en puisse connoître toute la griéveté. On les repousse diversement, selon l'esprit de la nation. Les Romains, qui ne portèrent point d'armes durant la paix, traduisoient *l'offensé* devant les Romains; et nous nous vengeons de l'offense, comme des barbares. Pour vivre heureux, il faudroit n'*offenser* personne, et ne s'*offenser* de rien; mais cela est bien difficile. L'un suppose trop d'attention, et l'autre trop d'insensibilité.

OFFICE, CHARGE.

On confond souvent *charge* et *office* : et en effet tout *office* est une *charge*; mais toute *charge* n'est pas un *office*. Ainsi les *charges* dans les parlemens sont de véritables *offices*: mais les places d'échevins, consuls et autres *charges* municipales, ne sont pas des *offices* en titre, quoique ce soient des *charges*; parce que ceux qui les remplissent ne les tiennent que pour un tems, sans autre titre que celui de leur élection : au lieu que les *offices* proprement dits sont une qualité permanente, et en conséquence sont aussi appellés *états*.

OFFICE, BIENFAIT, SERVICE.

Nous recevons un *bienfait* de celui qui pourroit nous négliger sans en être blâmé : nous recevons de bons *offices* de ceux qui auroient eu tort de nous les refuser, quoique nous ne puissions pas les obliger à nous les rendre : mais tout ce qu'on fait pour notre utilité ne seroit qu'un simple *service*, lorsqu'on est réduit à la nécessité indispensable de s'en acquitter ; on a pourtant raison de dire, que l'affection avec laquelle on s'acquitte de ce qu'on doit, mérite d'être comptée pour quelque chose.

OPINIATRETÉ, OBSTINATION.

Ces deux mots présentent à l'esprit un fort et déraisonnable attachement à ce qu'on a une fois conçu ou résolu d'exécuter. L'*opiniâtreté* est un entêtement aveugle pour un sujet injuste, ou de peu d'importance; elle part communément d'un caractère rétif, d'un esprit sot ou méchant, et sot tout ensemble, qui croiroit sa gloire ternie, s'il revenoit sur ses pas, lorsqu'on l'avertit qu'il s'égare : ce défaut est l'effet d'une fermeté mal entendue qui confirme un homme *opiniâtre* dans ses volontés, et qui, lui faisant trouver de la honte à avouer son tort, l'empêche de se rétracter.

L'*obstination* consiste aussi dans un trop grand attachement à son sens, sans aucune raison solide; cependant ce défaut semble provenir plus particulièrement d'une espèce
de

de mutinerie affectée, qui rend un homme intraitable, et fait qu'il ne veut jamais céder. L'effet particulier de l'*opiniâtreté* et de l'*obstination*, tend directement à ne point se rendre aux idées des autres, malgré toutes lumières contraires; avec cette différence, que l'*opiniâtre* refuse ordinairement d'écouter la raison, par une opposition qui lui est comme naturelle et de tempérement; au lieu que l'*obstiné* ne s'en défend souvent que par une volonté de pur caprice, et de propos délibéré.

ORGUEIL, VANITÉ, FIERTÉ, HAUTEUR.

L'*orgueil* est l'opinion avantageuse que l'on a de soi. La *vanité*, le desir d'inspirer cette opinion aux autres; la *fierté*, l'éloignement de toute bassesse ; la *hauteur*, l'expression du mépris pour ce que nous croyons au-dessous de nous.

L'*orgueil* est toujours révoltant ; la *vanité* toujours ridicule ; la *fierté* souvent estimable ; la *hauteur*, quelquefois bien, quelquefois mal placée.

La *vanité* et la *hauteur* se laissent toujours voir au-dehors ; l'*orgueil*, presque toujours. La *fierté* peut être intérieure, et ne se décèle souvent que par une conduite noble, et sans ostentation.

La *hauteur*, dans les grands, est sottise : la *fierté*, dans les petits, est courage ; et dans tous les états, l'*orgueil* est vice, et la *vanité*, petitesse.

La *fierté* convient au mérite supérieur ; la *hauteur*, au mérite opprimé ; l'*orgueil* n'appartient qu'à l'élévation sans mérite ; la *vanité*, qu'au mérite médiocre.

La *vanité* court après les honneurs; la *fierté* ne les recherche ni ne les refuse; l'*orgueil* affecte de les dédaigner, ou les demande avec insolence; la *hauteur* en abuse quand ils sont acquis.

OUTRAGE, AFFRONT, AVANIE, INSULTE.

Termes relatifs à la nature des procédés d'un homme envers un autre. L'*insulte* est ordinairement dans le discours; l'*affront*, dans les refus; l'*outrage* et l'*avanie* dans l'action. L'*insulte* marque de l'étourderie; l'*outrage*, de la violence; et l'*avanie*, du mépris. Celui qui vit avec des étourdis est exposé à des *insultes*; celui qui demande à un indifférent, ce qu'on ne doit attendre que d'un ami, mérite presqu'un *affront*. Il faut éviter les hommes violens, si l'on craint d'essuyer des *ou-*

trages, et ne s'attaquer jamais à la populace, si l'on est sensible aux *avanies*.

PAROITRE, MONTRER (SE), FAIRE VOIR (SE), MANIFESTER (SE).

Il se lève dès que le jour *paroît*; il va *paroître* un livre ; il a *paru*, de nos jours, des fanatiques bien singuliers. Les ennemis ont *paru* sur la côte ; il a voulu *paroître* dans cette circonstance, et cette folie l'a jettée dans une dépense ruineuse. Jamais la maxime de *paroître* honnête, savant, au lieu de l'être, ne fut plus suivie qu'aujourd'hui. Cette province a été surchargée d'impôts, et il y *paroît* bien. Un Septique dit : cela me *paroît*, un dogmatique cela *est*; il n'osera *paroître* en spectacle.

PAS, POINT.

Pas énonce simplement la négation. *Point* appuie avec force, et semble l'affirmer. Le premier souvent ne nie la chose qu'en partie, ou avec modification : le second la nie toujours absolument, totalement, et sans réserve. Voilà pourquoi l'un se place très-bien devant les modificatifs, et que l'autre y auroit mauvaise grace. On diroit donc : n'être *pas* bien riche, et n'avoir *pas* même le nécessaire : mais si l'on vouloit se servir de *point*, il faudroit ôter les modifications, et dire : n'être *point* riche, n'avoir *point* le nécessaire.

Cette même raison fait que *pas* est toujours employé avec les mots qui servent à marquer le degré de qualité ou de quantité, tels que *beaucoup*, *fort*, *un*, et autres semblables ; que *point* figure mieux à la fin de la phrase, devant la particule *de*, et avec *du tout*, qui, au lieu de restreindre la négation, en confirme la totalité.

Ce n'est pas assez de dire que pour l'ordinaire les philosophes ne sont *pas* riche. Il faut ajouter que dès qu'il s'agit d'acquérir des richesses aux dépens de la probité, ils n'en veulent *point* à ce prix. Règle générale, on doit employer la particule négative *point*, quand elle a la signification de *jamais*. Toutes les fois que les particules *pas* ou *point*, font des pléonasmes, il faut les retrancher.

PENSÉE, OPÉRATION DE L'ESPRIT, PERCEPTION, SENSATION, CONSCIENCE, IDÉE, NOTION.

Tous ces termes semblent être synonymes, du moins à des esprits superficiels et paresseux, qui les emploient indifféremment dans leur façon de s'expliquer : mais comme il n'y a point de mots absolument synonymes, et qu'ils ne le sont tout au plus que par la ressemblance que produit en eux l'idée générale qui leur est commune à tous, je vais marquer leur différence délicate, c'est-à-dire, la manière dont chacun diversifie une idée principale par l'idée accessoire, qui lui constitue un caractère propre et singulier. Cette idée principale qu'énoncent tous ces mots, est celle de la *pensée*; et les idées accessoires qui les distinguent, ensorte qu'ils ne sont point parfaitement synonymes, en sont les diverses nuances.

On peut donc regarder le mot *pensée*, comme celui qui exprime toutes les opérations de l'ame. Ainsi j'appellerai *pensée* tout ce que l'ame éprouve, soit par des impressions étrangères, soit par l'usage qu'elle fait de sa réflexion : *opération*, la *pensée*, en tant qu'elle est propre à produire quelque changement dans l'ame, et par ce moyen à l'éclairer et à la guider : *perception*, l'impression qui se produit en nous à la présence des objets : *sensation*, cette même impression, en tant qu'elle vient par les sens : *conscience*, la connoissance qu'on en prend : *idée*, la connoissance qu'on en prend comme image : *notion*, toute *idée* qui est notre propre ouvrage.

On ne peut prendre indifféremment l'un pour l'autre, qu'autant qu'on n'a besoin que de l'idée principale qu'ils signifient. On peut appeler les *idées* simples, indifféremment *perceptions* ou *idées* ; mais on ne doit point les appeler *notions*, parce qu'elles ne sont pas l'ouvrage de l'esprit : on ne doit pas dire, la *notion* du blanc; il faut dire, la *perception* du blanc. Les *notions* à leur tour peuvent être considérées comme *images* : l'on peut par conséquent leur donner le nom d'*idées*, mais jamais celui de *perceptions* ; ce seroit faire entendre qu'elles ne sont pas notre ouvrage : on peut dire, la *notion* de la hardiesse, et non, la *perception* de la hardiesse, ou, si l'on veut faire usage de ce terme, il faut dire, les *perceptions* qui composent la *notion* de la hardiesse. Une chose qu'il faut encore remarquer sur les mots d'*idée* et de *notion*, c'est que le premier signifiant une *perception* considérée comme image, et le second une *idée* que l'esprit a lui-même formée ; les *idées* et les *notions* ne peuvent appartenir qu'aux êtres qui sont capables de réflexion : quant aux bêtes, si tant est qu'elles pensent, et qu'elles ne soient point de purs automates, elles n'ont que des *sensations* et des *perceptions* ; et ce qui n'est pour elles qu'une *percep-*

tion, devient *idée* à notre égard, par la réflexion que nous faisons que cette *perception* représente quelque chose.

PERSUASION, CONVICTION.

La *persuation* est l'état de l'ame, considéré relativement à la vérité ou à la fausseté d'un fait, ou d'une proposition, à sa vraisemblance, ou à son défaut de vraisemblance, ou à sa possibilité, ou à son impossibilié; c'est le jugement sincère, et intérieur qu'elle porte de ces choses. Après l'examen, on peut être *persuadé* d'une chose; mais celle dont on est *convaincu*, est toujours vraie. La *conviction* est l'effet de l'évidence; la *persuasion* est l'effet des preuves morales qui peuvent tromper. La *conviction*, non plus que l'évidence, ne sont pas susceptibles de plus ou du moins. Il n'en est ainsi de la *persuation*, elle peut être plus ou moins forte. La *persuasion* excuse souvent l'action ; les anciens avoient fait de la *persuasion* une déesse : c'étoit la patrone des poëtes et des orateurs.

PESANT, LOURD.

Le mot *lourd* regarde plus proprement ce qui charge le corps. Celui de *pesant* a un rapport plus particulier à ce qui charge l'esprit. Il faut de la force pour porter l'un, de la supériorité du génie pour soutenir l'autre.

L'homme foible trouve *lourd* ce que le robuste trouve léger. L'administration de toutes les affaires d'un état est un fardeau bien *pesant* pour un seul. Mais on dit une *lourde* faute pour signifier une grande imprudence, une faute qui ne pourroit être faite par un habile homme.

PESANTEUR, POIDS, GRAVITÉ.

La *pesanteur* est dans le corps une qualité qu'on sent et qu'on distingue par elle-même. Le *poids* est la mesure ou le degré de cette qualité; on ne le connoît que par comparaison. La *gravité* désigne une certaine mesure générale et indéfinie de *pesanteur*. Ce mot se prend en physique pour la force que le vulgaire appelle *pesanteur*, et en vertu de laquelle les corps tendent vers la terre. Dans le systême Newtonien, *gravité* se dit quelquefois de la force par laquelle un corps quelconque tend vers un autre. On se sert fréquemment du mot de *gravité* au figuré, lorsqu'il s'agit des mesures et des manières; et ce mot se prend en bonne part. Le *poids* se prend aussi, au figuré, en bonne part, et s'applique à cette sorte de mérite qui naît de l'habileté, jointe à un extérieur

rieur réservé, et qui procure, à celui qui le possède, du crédit et de l'autorité sur celui des autres. Mais le mot *pesanteur*, au figuré, se prend en mauvaise part; elle est alors une qualité opposée à celle qui provient de la pénétration et de la vivacité de l'esprit.

Rien n'est si propre à délivrer l'esprit de sa *pesanteur* naturelle, que le commerce des femmes et de la cour. La réputation donne plus de *poids* chez le commun du peuple, que le vrai mérite. L'étude du cabinet rend savant, et la réflexion rend sage; mais l'une et l'autre émoussent quelquefois la vivacité de l'esprit, et le font paroître *pesant* dans la conversation, quoiqu'il pense finement.

PEUR, FRAYEUR, TERREUR.

Ces trois expressions marquent par gradation les divers états de l'ame, plus ou moins troublée par la vue de quelque danger. Si cette vue est vive et subite, elle cause la *peur*; si elle est plus frappante et réfléchie, elle produit la *frayeur*; si elle abat notre esprit, c'est la *terreur*.

La *peur* est souvent un foible de la machine pour le soin de sa conservation, dans l'idée qu'il y a du péril. La *frayeur* est un trouble plus grand, plus frappant, plus persévérant. La *terreur* est une passion accablante de l'ame, causée par la présence réelle, ou par l'idée très-forte d'un grand péril.

Pyrrhus eut moins de *peur* des forces de la république romaine, que d'admiration pour ses procédés. Attila faisoit un trafic continuel de la *frayeur* des Romains : mais Julien, par sa sagesse, sa constance, son économie, sa valeur, et une suite perpétuelle d'actions héroïques, rechassa les barbares des frontières de son empire ; et la *terreur* que son nom leur inspiroit, les contint tant qu'il vécut.

Dans la *peur* qu'Auguste eut toujours devant les yeux d'éprouver le sort de son prédécesseur, il ne songea qu'à s'éloigner de sa conduite : voilà la clef de toute la vie d'Octave.

On lit qu'après la bataille de Cannes, la *frayeur* fut extrême dans Rome : mais il n'en est pas de la consternation d'un peuple libre et belliqueux, qui trouve toujours des ressources dans son courage, comme de celle d'un peuple esclave, qui ne sent que sa foiblesse.

On ne sauroit exprimer la *terreur* que répandit César, lorsqu'il passa le Rubicon ; Pompée lui-même éperdu ne sut que fuir, abandonner l'Italie, et gagner promptement la mer.

PLAISIR, BONHEUR, FÉLICITÉ.

Ce qu'on appelle *bonheur* est une idée abstraite, composée de quelques idées de plaisir ; car qui n'a qu'un moment de *plaisir*, n'est point un homme heureux ; de même qu'un moment de douleur ne fait point un homme malheureux.

Le *plaisir* est plus rapide que le *bonheur*, et le *bonheur* plus passager que la *félicité* ; quand on dit : « Je » suis heureux dans ce moment, » on abuse du mot, et cela ne veut dire : « Que j'ai du plaisir. » Quand on a des *plaisirs* un peu répétés, on peut, dans cet espace de tems, se dire *heureux* ; quand ce *bonheur* dure un peu plus, c'est un état de *félicité*. On est quelquefois bien loin d'être *heureux* dans la prospérité ; comme un malade dégoûté, ne mange rien d'un grand festin préparé pour lui.

PLAN, LEVER, FAIRE UN PLAN.

Lever un plan et *faire un plan*, sont deux opérations bien distinctes. On *lève un plan* en travaillant sur le terrein; c'est-à-dire, en prenant des angles, et en mesurant des lignes, dont on écrit les dimensions dans un registre, afin de s'en ressouvenir pour *faire un plan*.

Faire un plan c'est tracer en petit, sur du papier, du carton, ou toute autre matière semblable, les angles et les lignes déterminées sur le terrein dont on a *levé le plan*; de manière que la figure tracée sur la carte, ou décrite sur le papier, soit tout-à-fait semblable à celle du terrein, et possède en petit, quant à ses dimensions, tout ce que l'autre contient en grand.

PLIER, COURBER.

Ces deux mots signifient proprement mettre quelque chose hors de la ligne droite. Tous deux s'emploient également au propre et au figuré, en vers et en prose. On dit ce ministre *plie* ou *courbe* sous le poids des affaires.

PLUS, DAVANTAGE.

Il est bon de distinguer ces deux adverbes. *Plus* ne se doit jamais mettre à la fin ; *davantage* s'y met d'ordinaire. Les Romains ont *plus* de bonne-foi que les Grecs : les Grecs n'ont guères de bonne-foi ; les Romains en ont *davantage*. Ce ne seroit pas bien dit : les Romains ont *d'avantage* de bonne-foi que les Grecs; les Romains en ont *plus*. Il y a des endroits où l'on peut mettre *davantage* devant *que* aussi bien que *plus*.

Par exemple, vous avez tort de me reprocher que je suis emporté ; je ne le suis pas *davantage* que vous. Si l'on répétoit emporté, il faudroit dire : je ne suis pas *plus* emporté que vous.

Quand *davantage* est éloigné du *que*, il a bonne grace au milieu du discours. Par exemple, il n'y a rien qu'il ne faille éviter *davantage*, en écrivant, que les équivoques : lorsqu'il n'y a point de *que* qui suive, on met *davantage* au milieu et à la fin.

POLITESSE, CIVILITÉ, AFFABILITÉ.

Manières honnêtes d'agir et de converser avec les autres hommes dans la société ; mais l'*affabilité* qui consiste dans cette insinuation de bienveillance avec laquelle un supérieur reçoit son inférieur, se dit rarement d'égal à égal, et jamais d'inférieur à supérieur. La *civilité* et la *politesse* sont une certaine bienséance dans les manières et les paroles, tendantes à plaire et à marquer *les égards* qu'on a les uns pour les autres. La *civilité* ne dit pas autant que la *politesse*, et elle n'en fait qu'une portion : c'est une espèce de crainte, en y manquant, d'être regardé comme un homme grossier; c'est un pas pour être estimé, poli; c'est pourquoi la *politesse* semble, dans l'usage de ce terme, réservée aux gens de la cour et de qualité; et la *civilité*, aux personnes d'une condition inférieure, et au plus grand nombre de citoyens. Les règles de la *civilité* valent bien mieux que celles de la *politesse* : celle-ci flatte les vices des autres, et la *civilité* nous empêche de mettre les nôtres au jour : c'est une barrière que les hommes mettent entr'eux r s'empêcher de se corrompre.

PORTER, APPORTER, TRANSPORTER, EMPORTER.

Porter n'a précisément rapport qu'à la charge du fardeau. *Apporter* renferme l'idée du fardeau et celle du lieu où l'on le *porte*. *Transporter* a rapport, non-seulement au fardeau et au lieu où l'on doit le *porter*, mais encore à l'endroit d'où l'on le prend. *Emporter* enchérit par-dessus toutes ces idées, en y ajoutant une attribution de propriété à l'égard de la chose dont on se charge.

Nous faisons *porter* ce que, par foiblesse ou par bienséance, nous ne pouvons *porter* nous-mêmes. Nous ordonnons qu'on nous *apporte* ce que nous souhaitons avoir. Nous faisons *transporter* ce que nous voulons changer de place. Nous permettons d'*emporter* ce que nous laissons aux autres, ou ce que nous leur donnons.

Les crocheteurs *portent* les fardeaux dont on les charge. Les domestiques *apportent* ce que leurs maîtres les envoient chercher. Les voituriers *transportent* les marchandises que les commerçans envoient d'une ville dans une autre. Les voleurs *emportent* ce qu'ils ont pris.

Virgile a loué le pieux Énée d'avoir *porté* son père Anchise sur ses épaules, pour le sauver du sac de Troie. Saint Luc nous apprend que les premiers fidèles *apportoient* aux apôtres le prix des biens qu'ils vendoient. L'histoire nous montre, à n'en pouvoir douter, que la Providence punit toujours l'abus de l'autorité, en la *transportant* en d'autres mains. Si un de nos traducteurs avoit bien fait attention aux idées accessoires qui caractérisent les synonymes, il n'auroit pas dit, que le malin esprit *emporta* Jésus-Christ, au lieu de dire qu'il le *transporta*.

Ces mots se disent figurément en choses morales et spirituelles : ainsi on dit *porter* son jugement sur quelque chose ; *porter* impatiemment un affront. Saint Paul fut *transporté* au troisième ciel, où il vit des choses inéfables. Cyrus *transporta* l'empire des Medes, aux Perses ; et Alexandre, l'empire des Perses, aux Grecs. Les Stoïciens l'*emportent* sur tous les autres philosophes. La perte d'une bataille *emporte* la désolation du pays. Le sublime et le pathétique entraînent et *emportent* notre admiration.

PLUSIEURS, BEAUCOUP.

Termes relatifs à la quantité. *Beaucoup* a rapport à la quantité qui se mesure ; et *plusieurs*, à celles qui se comptent. *Beaucoup* d'eau, *plusieurs* hommes ; l'opposé de *beaucoup* est peu ; l'opposé de *plusieurs* est un. Pour qu'un Etat soit bien gouverné, nous disons qu'il ne faut qu'un seul chef, *plusieurs* ministres, *beaucoup* de lumière et d'équité.

POSSÉDER, AVOIR.

Il n'est pas nécessaire de pouvoir disposer d'une chose, ni qu'elle soit actuellement entre nos mains, pour l'*avoir*; il suffit qu'elle nous appartienne. Mais pour la *posséder*, il faut qu'elle soit en nos mains, et que nous ayons la liberté actuelle d'en disposer, ou d'en jouir. Ainsi nous *avons* des revenus, quoique non payés, ou même saisis par des créanciers; et nous *possédons* des trésors.

Ces deux mots se disent aussi au figuré; et alors, *posséder* signifie, en choses spirituelles et morales, *tenir*, *régir*, *gouverner*, *administrer*, *remplir*. On a les bonnes graces des

des personnes à qui l'on plaît. On *possède* l'esprit de celles que l'on gouverne absolument. Un mari a de cruelles inquiétudes lorsque le démon de la jalousie le *possède*. Un avare peut *avoir* des richesses dans ses coffres; mais il n'en est pas le maître. Ce sont elles qui *possèdent* et son cœur et son esprit. Un amant a le cœur d'une dame, lorsqu'il est aimé; il le *possède* lorsqu'elle n'aime que lui.

En fait de sciences et de talens, il suffit, pour les *avoir*, d'y être médiocrement habile; pour les *posséder*, il y faut exceller : alors *posséder* signifie savoir parfaitement. Ceux qui *ont* la connoissance des arts, en savent et en suivent les règles; mais ceux qui les *possèdent* font et donnent des règles à suivre.

PRÊT DE, PRÊT A.

On dit l'un et l'autre ; je suis *prêt de* faire ou *à* faire ce que vous voudrez. Lorsque *prêt* signifie sur le point, *prêt de* est ordinairement le meilleur. Les dieux étoient *prêts de* le venger ; vous êtes *prêts de* jouir du bonheur, etc. ; mais il convient de remarquer que *prêt de* mourir, signifie la défaillance du corps, qui fait connoître qu'on est sur le point de mourir ; au lieu que *prêt à* mourir, marque la disposition de l'ame. Il faut toujours mettre *prêt à* quand le verbe actif qui suit *à* a une signification passive, comme *prêt à* marier, *prêt à* manger, etc. ; c'est-à-dire, *prêt à* être marié, *prêt à* être mangé.

PROSPÉRITÉ, FÉLICITÉ, BONHEUR.

La *félicité* est l'état permanent, du moins pour quelque tems ; d'une ame contente, et cet état est bien rare. Le *bonheur* vient du dehors; c'est originairement une *bonne heure*.

Un *bonheur* vient, on a un *bonheur* ; mais on ne peut dire : il m'est venu une *félicité* ; j'ai eu une *félicité* ; et quand on dit : cet homme jouit d'une *félicité* parfaite ; *une* alors n'est pas pris numériquement, et signifie seulement qu'on croit que sa *félicité* est parfaite.

On peut avoir un *bonheur* sans être heureux. Un homme a eu le *bonheur* d'échapper à un piège, et n'en est quelquefois que plus malheureux : on ne peut pas dire de lui, qu'il a éprouvé la *félicité*.

Il y a encore de la différence entre un *bonheur* et le *bonheur*, différence que le mot de *félicité* n'admet point. Un *bonheur* est un événement heureux. Le *bonheur*, pris indéfiniment, signifie une suite de ces événemens.

Le plaisir est un sentiment agréable et passager ; le *bonheur*, considéré comme sentiment, est une suite de plaisirs : la *prospérité*, une suite d'heureux événemens : la *félicité*, une jouissance intime de sa *prospérité*.

Le *bonheur* paroît plutôt le partage des riches, qu'il ne l'est en effet ; et la *félicité* est un état dont on parle plus qu'on ne l'éprouve.

Ce dernier mot ne se dit guère en prose au pluriel, par la raison que c'est un état de l'ame, comme *tranquillité*, *sagesse*, *repos* : cependant la poésie, qui s'élève au-dessus de la prose, permet qu'on dise dans Polieucte :

<pre> Ou leurs félicités doivent être infinies.
  Que vos félicités, s'il se peut, soient parfaites.</pre>

QUOTIDIEN, JOURNALIER.

Ces deux mots ont, selon leur étymologie, la même signification; mais il ne s'employent pas indifféremment. On dit une *fièvre quotidienne*; et ce seroit mal dit, une *fièvre journalière*. Il semble que notre *pain quotidien* soit un mot consacré dans l'oraison dominicale. Notre *pain de chaque jour*, comme parlent quelques traducteurs du nouveau testament, est une phrase que l'usage n'a point adoptée. *Pain journalier* ne se dit pas mieux que *fièvre journalière*; mais on dit le mouvement *journalier* du ciel, la révolution *journalière* du premier mobile; et non pas le mouvement *quotidien*, les révolutions *quotidiennes*. On dit encore, l'expérience *journalière*; ce sont des bizareries de l'usage. Homme *journalier* et armes *journalières*, se disent; mais ce n'est qu'au figuré; et on ne regarde ici *journalier* que dans le propre.

RAILLERIE .ENTENDRE, ET ENTENDRE LA RAILLERIE.

Entendre raillerie, et entendre la raillerie, sont deux choses différentes. *Entendre raillerie*, c'est prendre bien ce qu'on nous dit; c'est ne s'en point fâcher; c'est non-seulement savoir souffrir les *railleries*; mais aussi les détourner avec adresse, et les repousser avec esprit. *Entendre la raillerie*, c'est entendre l'art de *railler*; comme *entendre* la poésie, c'est *entendre* l'art et le génie des vers. Néanmoins, on ne dit guère *entendre la raillerie* tout seul; on ajoute d'ordinaire une épithète à *raillerie*. On dit, il entend la fine *raillerie*. Il y a peu de personnes qui *entendent l'agréable* et *l'innocente raillerie*.

RECEVOIR², ADMETTRE.

On *admet* quelqu'un dans une société particulière ; on le reçoit à une charge, dans une académie. Il suffit pour être *admis*, d'avoir l'entrée libre ; il faut, pour être *reçu*, du cérémonial. Le premier est une faveur accordée par les personnes qui composent la société, en conséquence de ce qu'elles vous jugent propre à participer à leurs desseins, à goûter leurs occupations, et augmenter leur amusement ou leur plaisir. Le second est une opération par laquelle on achève de vous donner une entière possession, et de vous installer dans la place que vous devez occuper, en conséquence d'un droit acquis, soit par bienfait, soit par élection, soit par stipulation.

Ces deux mots ont encore, dans un usage plus ordinaire, une idée commune qui les rend synonymes.

Il ne faut alors chercher de différence entr'eux, qu'en ce que *admettre* semble supposer un objet plus intime, et plus de choix, et que *recevoir* paroît exprimer quelque chose de plus extérieur et de moins libre. C'est par cette raison que l'on pourroit dire que l'on est *admis* à l'académie française, et qu'on est *reçu* dans les autres académies. On *admet* dans sa familiarité et dans sa confidence ceux qu'on en juge digne. On *reçoit* dans les maisons et dans les cercles ceux qu'on y présente; et l'on voit que *recevoir*, dans ce sens, n'emporte pas une idée de précaution qui est attachée à *admettre*. Le ministre étranger est *admis* à l'audience du prince; et le seigneur qui voyage, est reçu à sa Cour.

RÉCRÉATION, AMUSEMENT, DIVERTISSEMENT, RÉJOUISSANCE.

Ces quatre mots sont synonymes, et ont la dissipation ou le plaisir pour fondement. *Récréation* désigne un terme court de délassement; c'est un simple passe-tems pour distraire l'esprit de ses fatigues. *Amusement* est une occupation légère, de peu d'importance, et qui plaît. *Divertissement* est accompagné de plaisirs plus vifs, plus étendus. *Réjouissance* se marque par des actions extérieures, des danses, des cris de joie, des acclamations de plusieurs personnes.

La comédie fut toujours la *récréation* ou le délassement des grands hommes, le *divertissement* des gens polis, et l'*amusement* du peuple : elle fait une partie des *réjouissances* publiques dans certains événemens.

Amusement, suivant l'idée que je

m'en fais encore, porte sur des occupations faciles et agréables qu'on prend pour éviter l'ennui. *Récréation* appartient plus que l'*amusement* au délassement de l'esprit, et indique un besoin de l'ame plus marqué. *Réjouissance* est affecté aux fêtes publiques du monde et de l'église. *Divertissement* est le terme générique, qui renferme les *amusemens*, les *récréations*, et les *réjouissances* particulières.

« Les *divertissemens* de ce pays, dit à son cher Aza une Péruvienne si connue par la finesse de son goût et par la justesse de son discernement, « Les *divertissemens* de ce
» pays me semble aussi peu naturels
» que les mœurs. Ils consistent dans
» une gaieté violente, excitée par
» des ris éclatans, auxquels l'ame ne
» paroît prendre aucune part ; dans
» des jeux insipides, dont l'or fait
» tout le plaisir ; dans une conversa-

» tion si frivole et si répétée, qu'elle
» ressemble bien davantage au ga-
» zouillement des oiseaux, qu'à l'en-
» tretien d'une assemblée d'êtres pen-
» sans ; ou dans la fréquentation de
» deux spectacles, dont l'un humilie
» l'humanité, et l'autre exprime
» toujours la joie et la tristesse indif-
» féremment par des chants et des
» danses. Ils tâchent en vain, par de
» tels moyens, de se procurer des
» *divertissemens* réels, un *amuse-*
» *ment* agréable ; de donner quel-
» que distraction à leurs chagrins,
» quelque *récréation* à leur esprit :
» cela n'est pas possible. Leurs *ré-*
» *jouissances* même n'ont d'attraits
» que pour le peuple, et ne sont point
» consacrées, comme les nôtres, au
» culte du soleil : leurs regards, leurs
» discours, leurs réflexions ne se
» tournent jamais à l'honneur de cet
» astre divin. Enfin leurs froids *amu-*
» *semens*, leurs puériles *récréations*,

» leurs *divertissemens* affectés, leurs
» ridicules *réjouissances*, loin de
» m'égayer, de me plaire, de me
» convenir, me rappellent encore
» avec plus de regret la différence
» des jours heureux que je passois
» avec toi ».

RÉPONSE, RÉPLIQUE, RÉPARTIE.

La *réponse* se fait à une demande ou à une question. La *réplique* se fait à une *réponse* ou à une remontrance. La *repartie* se fait à une raillerie ou à un discours offensant.

Les scholastiques enseignent à proposer de mauvaises difficultés, et à y donner encore de plus mauvaises *réponses*. Il est plus grand d'écouter une sage remontrance et d'en profiter, que d'y *répliquer*. On ne se défend jamais mieux contre des
paroles

paroles piquantes, que par des *reparties* fines et honnêtes.

Le mot de *réponse* a, dans sa signification, plus d'étendue que les deux autres : on *répond* aux questions des personnes qui s'informent; aux demandes de celles qui attendent des grâces ou des services; aux interrogations des maîtres et des juges; aux argumens de ceux qui nous exercent dans les écoles; aux lettres qu'on nous écrit; et aux difficultés qu'on nous propose touchant la conduite, les affaires, et les sentimens. Le mot de *réplique* a un sens plus restreint; il suppose une dispute commencée à l'occasion des diverses opinions qu'on suit, ou des différens sentimens dans lesquels on est, ou des partis et des intérêts opposés qu'on a embrassés : on *réplique* à la *réponse* d'un auteur qu'on a critiqué; aux réprimandes de ceux dont on ne veut pas recevoir de correction; et aux plaidoyers ou aux écritures de l'avocat de la partie adverse. Le mot de *repartie* a une énergie propre et particulière, pour faire naître l'idée d'une apostrophe personnelle contre laquelle on se défend; soit sur le même ton, en aprostophant aussi de son côté; soit sur un ton plus honnête, en émoussant seulement les traits qu'on nous lance : on fait des *reparties* aux gens qui veulent se divertir à nos dépens; à ceux qui cherchent à nous tourner en ridicules; et aux personnes qui n'ont, dans la conversation, aucun ménagement pour nous.

La *réponse* doit être claire et juste; il faut que ce soit le bon sens et la raison qui la dictent. La *réplique* doit être forte et convaincante; il faut que la vérité y paroisse armée et fortifiée de toutes ses preuves. La *repartie* doit être vive et prompte;

il faut que le sel de l'esprit y domine et la fasse briller.

Il faut élever les enfans à faire toujours, autant qu'il se peut, des *réponses* précises et judicieuses ; et leur faire sentir qu'il y a plus d'honneur pour eux à écouter, qu'à faire des *répliques* à ceux qui ont la bonté de les instruire : mais il n'est pas toujours à propos de blâmer leurs petites *reparties*, quoiqu'un peu contraires à la docilité, de peur d'émousser leur esprit par une gêne trop sévère.

Les *réponses*, les *répliques*, et les *reparties* doivent être promptes, justes, judicieuses, convenables aux personnes, aux tems, aux lieux, et aux conjectures. Donnons des exemples de chaque espèce.

Une belle *réponse* est celle de la maréchale d'Ancre, qui fut brûlée en place de Grève, comme sorcière. Le conseiller Courtin, interrogant

cette femme infortunée, lui demanda de quel sortilège elle s'étoit servie pour gouverner l'esprit de Marie de Médicis : « Je me suis ser-
» vie, *répondit* la maréchale, du
» pouvoir qu'on les ames fortes sur
» les esprits foibles. »

Une femme vint le matin se plaindre à Soliman II, que la nuit, pendant qu'elle dormoit, ses janissaires avoient tout emporté de chez elle. Soliman sourit et *répondit*, qu'elle avoit donc dormi bien profondément, si elle n'avoit rien entendu du bruit qu'on avoit dû faire en pillant sa maison. « Il est vrai, Sei-
» gneur, *répliqua* cette femme, que
» je dormois profondément, parce
» que je croyois que ta Hautesse veil-
» loit pour moi ». Le sultan admira cette *réplique*, et la récompensa.

Dans le procès de François de Montmorency, comte de Luze et de Boutteville, M. du Châtelet fit pour sa défense un mémoire également éloquent et hardi. Le cardinal de Richelieu lui reprocha fortement d'avoir mis au jour ce mémoire pour condamner la justice du prince. « Pardonnez-moi, lui *répliqua*-t-il ; » c'est pour justifier sa clémence, » s'il a la bonté d'en user envers » un des plus honnêtes et des plus » vaillans hommes de son royaume. »

S. Thomas d'Aquin entroit dans la chambre du pape Innocent IV, pendant que l'on comptoit de l'argent : sur quoi le pape lui dit : « Vous » voyez que l'Eglise n'est plus dans » le siècle où elle disoit : *Je n'ai* « *ni or ni argent* ». Le docteur Angélique *repartit* : « Il est vrai, saint » Père ; mais elle ne peut plus dire » au boîteux : *Lève-toi et marche* ».

RÉPONSE, REPARTIE.

La *réponse*, en général, s'applique à une interrogation faite. La *repartie* se dit indifféremment de toute réplique : quoiqu'une *repartie* vive et prompte fasse honneur à l'esprit, il est encore plus convenable de se retrancher à une *repartie* judicieuse; et dans les questions qu'on a droit de vous faire, il faut s'attacher à y *répondre* nettement. Il y a des occasions où il vaut mieux garder le silence, que de faire une *repartie* offensante, et l'on n'est pas obligé de *répondre* à toute sorte de questions.

Une *repartie* se fait toujours de vive voix; une *réponse* se fait quelquefois par écrit.

Les *réponses* et les *reparties* doivent être justes, promptes, judicieuses, convenables aux personnes, aux tems, aux lieux, et aux conjectures. Il y a des *réponses* et des *reparties* de toutes espèces, qui laissent plus ou moins à penser à l'esprit. Il y en a de sentencieuses, de jolies, de satyriques, de galantes, de flatteuses, de bonnes, d'heureuses, d'héroïques.

RÉPUTATION, CONSIDÉRATION.

Il ne faut point confondre la *considération* avec la *réputation* : celle-ci est en général le fruit des talens ou du savoir-faire; celle-là est attachée à la place, au crédit, aux richesses, ou en général au besoin qu'on a de ceux à qui on l'accorde. L'absence ou l'éloignement, loin d'affoiblir la *réputation*, lui est souvent utile; la *considération* au contraire est toute extérieure, et semble attachée à la présence.

Un ministre incapable de sa place

a plus de *considération* et plus de *réputation*, qu'un homme de lettres, ou qu'un artiste célèbre. Un homme de lettres, riche et sot, a plus de *considération* et moins de *réputation*, qu'un homme de mérite, pauvre.

Corneille avoit de la *réputation*, comme auteur de Cinna ; et Chapelain, de la *considération*, comme distributeur des grâces de Colbert. Newton avoit de la *réputation*, comme inventeur dans les sciences; et de la *considération*, comme directeur de la monnoie.

Voici, selon madame de Lambert, la différence d'idées que donnent ces deux mots.

La *considération* vient de l'effet que nos qualités personnelles font sur les autres : si ce sont des qualités grandes et élevées, elles excitent l'admiration ; si ce sont des qualités aimables et liantes, elles font naître le sentiment de l'amitié.

L'on jouit mieux de la *considération* que de la *réputation*; l'un est plus près de nous, et l'autre s'en éloigne; quoique plus grande, celle-ci se fait moins sentir, et se convertit rarement en une possession réelle.

Nous obtenons la *considération* de ceux qui nous approchent; et la *réputation*, de ceux qui ne nous connoissent pas. Le mérite nous assure l'estime des honnêtes gens; et notre étoile, celle du public.

La *considération* est le revenu du mérite de toute la vie : et la *réputation* est souvent donnée à une action faite au hasard; elle est plus dépendante de la fortune. Savoir profiter de l'occasion qu'elle nous présente ; une action brillante, une victoire, tout cela est à la merci de la renommée : elle se charge des actions éclatantes; mais en les étendant et les célébrant, elle les éloigne de nous.

La *considération*, qui tient aux qualités personnelles, est moins étendue; mais comme elle porte sur ce qui nous entoure, la jouissance en est plus sensible et plus répétée : elle tient plus aux mœurs que la *réputation*, qui quelquefois n'est dûe qu'à des vices d'usage bien placés et bien préparés, ou d'autres fois même à des crimes heureux et illustres.

La *considération* rend moins, parce qu'elle tient à des qualités moins brillantes ; mais aussi la *réputation* s'use, et a besoin d'être renouvellée.

RETENUE, CIRCONSPECTION, CONSIDÉRATION, ÉGARDS, MÉNAGEMENT.

Une attention réfléchie et mesurée sur la façon de parler, d'agir et de se conduire dans le commerce du monde par rapport aux autres, pour y contribuer à leur satisfacfion, plutôt qu'à la sienne, est l'idée générale que ces cinq mots présentent d'abord, suivant la remarque de l'abbé Girard ; il me paroît que voici les différences qu'on peut y mettre.

La *circonspection* est principalement dans le discours ; la *retenue* est dans les paroles, comme dans les actions ; et pour défaut opposé, l'*impudence*. La *considération*, les *égards*, et les *ménagemens* sont pour les personnes, avec cette différence que la *considération* et les *égards* sont plus pour l'état, la situation, et la qualité des gens que l'on fréquente, et que les *ménagemens* regardent plus particulièrement leurs inclinations et leur humeur.

La *considération* semble encore indiquer quelque chose de plus fort que les *égards* ; elle marque mieux le cas qu'on fait des personnes que l'on voit, l'estime qu'on leur porte en réalité, ou seulement en apparence, ou un devoir qu'on leur rend. Les *égards* tiennent davantage aux règles de la bienséance et de la politesse.

ROULER, COULER, GLISSER.

Couler marque le mouvement de tous les fluides, et même de tous les corps solides réduits en poudre impalpable. *Rouler*, c'est se mouvoir en tournant sur soi-même. *Glisser*, c'est se mouvoir en conservant la même surface appliquée au corps sur lequel on se meut.

SATISFACTION,

SATISFACTION, CONTENTEMENT.

L'un de ces mots n'a point de pluriel; c'est celui de *satisfaction*; et l'autre, appliqué au monde, désigne ses amusemens, ses plaisirs.

Le *contentement* est plus dans le cœur; la *satisfaction* est plus dans les passions. Le premier est un sentiment qui rend toujours l'ame tranquille. Le second est un succès qui jette quelquefois l'ame dans le trouble. Un homme inquiet, craintif, n'est jamais *content*. Un homme, possédé d'avarice ou d'ambition, n'est jamais *satisfait*. Il n'est guère possible à un homme éclairé d'être *satisfait* de son travail, quoiqu'il soit content du choix de son sujet. Callimaque, qui tailloit le marbre avec une délicatesse admirable, étoit *content* du cas singulier qu'on faisoit de ses ouvrages; tandis que lui-même n'en étoit jamais *satisfait*; On est *content* lorsqu'on ne souhaite plus, quoique l'on ne soit pas toujours *satisfait*, lorsqu'on a obtenu ce qu'on souhaitoit. Combien de fois arrive-t-il qu'on n'est pas *content*, après s'être *satisfait* ; vérité qui peut être d'un grand usage en morale.

HOMME DE SENS, HOMME DE BON SENS.

Il y a bien de la différence, dans notre langue, entre un *homme de sens* et un *homme de bon sens*. L'*homme de sens* a de la profondeur dans les connoissances, et beaucoup d'exactitude dans le jugement ; c'est un titre dont tout homme peut être flatté. L'*homme de bon sens*, au contraire, passe pour un *homme* si ordinaire, qu'on croit pouvoir se donner pour tel sans vanité : c'est celui qui a assez de jugement et d'intelligence, pour se tirer à son avantage des affaires ordinaires de la société.

BON SENS, BON GOUT.

Le *bon sens* et le *bon goût* ne sont qu'une même chose, à les considérer du côté de la faculté. Le *bon sens* est une certaine droiture d'ame qui voit le vrai, le juste, et s'y attache : le *bon goût* est cette même droiture, par laquelle l'ame voit le bon, et l'approuve.

La différence de ces deux choses ne se tient que du côté des objets. On restreint ordinairement le *bon sens* aux choses plus sensibles ; et le *bon goût*, à des objets plus fins et plus relevés. Ainsi le *bon goût*, pris dans cette idée, n'est autre chose que le *bon sens* rafiné et exercé sur des objets délicats et relevés ; et le *bon sens* n'est que le *bon goût* restreint aux objets plus sensibles et plus matériels. Le vrai est l'objet du goût, aussi bien que le bon, et l'espsit a son goût aussi bien que le cœur.

SAGESSE, VERTU.

La *sagesse* consiste à se rendre attentif à ses véritables et solides intérêts, à les démêler d'avec ce qui n'en a que l'apparence, à choisir bien, et à se soutenir dans des choix éclairés. La *vertu* va plus loin : elle a à cœur le bien de la société ; elle lui sacrifie dans le besoin ses propres avantages ; elle sent la beauté et le prix de ce sacrifice, et par-là ne balance point de le faire quand il le faut.

SERMENT, JUREMENT.

Le mot de *serment* est plus d'usage pour exprimer l'action de jurer en public, et d'une manière solemnelle. Celui de *jurement* exprime quelquefois de l'emportement entre particuliers.

Le *serment* du prince ne l'engage point contre les lois, ni contre les intérêts de son Etat. Les fréquens *juremens* ne rendent pas le menteur plus digne d'être cru.

Enfin le mot *serment* est d'un usage beaucoup plus étendu que celui de *jurement*; car il se prend au figuré pour toute sorte de protestation qu'on fait dans le commerce du monde. Balsac dit en ce sens : que Jupiter rit également des *sermens* des amans et des rois.

SÉVÈRE, DUR, AUSTÈRE.

L'austérité est dans les mœurs, la *sévérité* dans les principes, et la *rudesse* dans la conduite. La vie des anciens Anachorètes étoit *austère*; la morale des apôtres étoit *sévère*; mais leur abord n'avoit rien de rude.

La *mollesse* est opposée à l'*austérité*; le *relâchement*, à la *sévérité*; et l'*affabilité*, à la *rudesse*.

SIMPLICITÉ, MODESTIE.

La *simplicité* consiste à montrer ce que l'on est; la *modestie*, à le cacher.

La *simplicité* tient plus au caractère; la *modestie*, à la réflexion.

La *simplicité* plaît sans y penser; la *modestie* cherche à plaire.

La *simplicité* n'est jamais fausse; la *modestie* le peut être.

Une vanité connue déplaît moins quand elle se montre avec *simplicité*, que quand elle cherche à se couvrir du voile de la *modestie*.

SOMME, SOMMEIL.

Il y a quelquefois de la différence entre ces deux mots; *somme* signifie toujours le dormir et l'espace du tems qu'on dort. *Sommeil* se prend quelquefois pour l'envie de dormir. On est pressé du *sommeil*, en été, après le repas : on dort d'un profond *somme*, après une grande fatigue.

Sommeil a beaucoup plus d'usage et d'étendue que *somme*. On dit poétiquement de la mort, que c'est un *sommeil* de fer ; parce que le *sommeil* est l'image de la mort. Ce mot signifie, au figuré, l'indolence et l'insensibilité ; l'oubli de la religion et de la vertu est un *sommeil* funeste.

SOUHAIT, DESIR.

Ces deux mots désignent également une inquiétude qu'on éprouve pour une chose absente, éloignée, à laquelle on attache une idée de plaisir. Les *souhaits* se nourrissent d'imagination : ils doivent être bornés. Les *desirs* viennent des passions; ils doivent être modérés. On se repaît des *souhaits ;* on s'abandonne à ses *desirs.* Les paresseux s'occupent à faire des *souhaits* chimériques. Les courtisans se tourmentent par des *desirs* ambitieux. Les *souhaits* me semblent plus vagues, et les *desirs* plus ardens. Quelqu'un disoit qu'il connoissoit plus les *souhaits* que les *desirs ;* distinctions délicates, parce les *souhaits* doivent être l'ouvrage de la raison, et que les *desirs* sont presque toujours une inquiétude aveugle, qui naît du tempéramment.

M. de Sacy a dit : mes *desirs* soupirent vers vous ; c'est mal parler : les *desirs* ne soupirent point ; ce sont eux qui font soupirer.

SOUPIR, SANGLOT, GÉMISSEMENT, CRI PLAINTIF.

Ces mots peignent les accens de la douleur de l'ame ; en voici la différence. Lorsqu'on vient à penser tout-à-coup à quelque chose qu'on desire ardemment, ou qu'on regrette vivement, on ressent un tiraillement ou serrement intérieur : ce mouvement du diaphragme, agit sur les poumons, les élève, et y occasionne une inspiration vive et prompte qui forme le *soupir*. Lorsque l'ame a réfléchi sur la cause de son émotion, et qu'elle ne voit aucuns moyens de remplir son *desir*, ou de faire cesser ses regrets, les *soupirs* se répètent ; la tristesse qui est la douleur de l'ame, succède à ses premiers mouvemens.

Lorsque cette douleur de l'ame est profonde et subite, elle fait couler les pleurs ; si l'air entre dans la poitrine par secousses, il se fait plusieurs inspirations réitérées par une espèce de secousse involontaire : chaque inspiration fait un bruit plus fort que celui du *soupir* ; c'est ce qu'on appelle *sanglots* : les *sanglots* se succèdent plus rapidement que les *soupirs*, et le son de la voix se fait entendre un peu dans le *sanglot*.

Les accens en sont encore plus marqués dans le *gémissement*. C'est une espèce de *sanglot* continué, dont le son lent se fait entendre dans l'inspiration et dans l'expiration, son expression consiste dans la continuation, et la durée d'un ton *plaintif*, formé par des sons inarticulés. Ces sons du *gémissement* sont plus ou moins longs, suivant le degré de tristesse, d'affliction, et d'abbatement qui les cause ; mais ils sont toujours répétés plusieurs fois. Le tems de l'inspiration est celui de l'intervalle du silence, qui est entre les *gémissemens* ; et ordinairement ces intervalles sont égaux pour la durée et pour la distance.

Le *cri plaintif* est un *gémissement* exprimé avec force et à haute voix : quelquefois ce *cri* se soutient, dans toute son étendue, sur le même ton ; c'est sur-tout lorsqu'il est fort élevé, et très-aigu ; quelquefois aussi, il finit par un ton plus bas ; c'est ordinairement lorsque la force du *cri* est modérée.

SOT, FAT, IMPERTINENT.

Ce sont là de ces mots que dans toute les langues il est impossible de définir ; parce qu'ils renferment une collection d'idées, qui varient suivant les mœurs dans chaque pays et dans chaque siècle, et qu'ils s'étendent encore sur les tons, les gestes, et les manières. Il me paroît en général que les épithètes de *sot*, de *fat*, et d'*impertinent*, prises dans un sens agravant, n'indiquent pas seulement un défaut, mais portent avec soi l'idée d'un vice de caractère et d'éducation.

Il me semble aussi que la première épithète attaque plus l'esprit ; et les deux autres, les manières.

C'est inutilement qu'on fait des leçons à un *sot* ; la nature lui a refusé les moyens d'en profiter. Les discours les plus raisonnables sont perdus auprès d'un *fat* ; mais le temps et l'âge lui montrent quelquefois l'extravagance de la *fatuité*. Ce n'est qu'avec beaucoup de peine qu'on peut venir à bout de corriger un *impertinent*.

Le *sot* est celui qui n'a pas même ce qu'il faut d'esprit pour être un *fat*. Un *fat* est celui que les *sots* croient un homme d'esprit. L'*impertinent* est une espèce de *fat* enté sur la grossièreté.

Un *sot* ne se tire jamais du ridicule ;

cule ; c'est son caractère. Un *impertinent* s'y jette tête baissée, sans aucune pudeur. Un *fat* donne aux autres des ridicules, qu'il mérite encore davantage.

Le *sot* est embarrassé de sa personne. Le *fat* a l'air libre et assuré ; s'il pouvoit craindre de mal parler, il sortiroit de son caractère. L'*impertinent* passe à l'effronterie.

Le *sot*, au lieu de se borner à n'être rien, veut être quelque chose ; au lieu d'écouter, il veut parler, et pour lors il ne fait, et ne dit que des bêtises. Un *fat* parle beaucoup, et d'un certain ton qui lui est particulier ; il ne sait rien de ce qu'il importe de savoir dans la vie, s'écoute et s'admire : il ajoute à la *sottise* la vanité et le dédain. L'*impertinent* est un *fat* qui pèche en même-temps contre la politesse et la bienséance ; ses propos sont sans égard, sans considération, sans respect ; il confond l'honnête liberté avec une familiarité excessive; il parle et agit avec une hardiesse insolente : c'est un *fat* outré. Sans délicatesse, le *sot* ennuie ; le *fat*, révolte ; l'*impertinent*, rebute, aigrit, et irrite.

SOCIABLE, AIMABLE.

L'homme *sociable* a les qualités propres au bien de la société, je veux dire, la douceur du caractère, l'humanité, la franchise sans rudesse, la complaisance sans flatterie, et surtout le cœur porté à la bienfaisance : en un mot, l'homme *sociable* est le vrai citoyen.

L'homme *aimable*, dit M. Duclos, du moins celui à qui on donne aujourd'hui ce titre, est fort indifférent sur le bien public, ardent à plaire à toutes les sociétés où son goût et le hasard le jettent, et prêt à en sacrifier chaque particulier ; il n'aime personne, n'est aimé de qui que ce soit, plaît à tous, et souvent est méprisé, et recherché par les mêmes gens.

Les liaisons particulières de l'homme *sociable*, sont des liens qui l'attachent de plus en plus à l'Etat : celles de l'homme *aimable* ne sont que de nouvelles dissipations, qui retranchent autant les devoirs essentiels. L'homme *sociable* inspire le desir de vivre avec lui : l'homme *aimable* en éloigne ou doit en éloigner tout honnête citoyen.

SOUILLER, TACHER.

Ces deux mots désignent la même chose, et forment un même sens ; mais *tacher* ne s'emploie qu'au propre, et *souiller* ne se dit guère qu'au figuré. Ainsi l'on dit *tacher* ses hardes, *souiller* sa conscience, se *tacher* de graisse, se *souiller* de crimes.

SUBSISTANCE, SUBSTANCE.

Le premier de ces mots veut dire proprement ce qui sert à nourrir, à entretenir, à faire subsister, de quelque part qu'on le reçoive. Le second signifie tout le bien qu'on a pour subsister étroitemeut, ce qui est absolument nécessaire pour pouvoir se nourrir et pouvoir vivre.

Les ordres mendians trouvent aisément leur *subsistance* ; mais combien de pauvres honteux qui consument dans la douleur leur *substance* et leurs jours !

Combien de partisans qui s'engraissent de la pure *substance* du peuple, et qui mangent en un jour la *subsistance* de cent familles.

SUR, CERTAIN.

Sûr se dit des choses ou des personnes sur lesquelles on peut compter, auxquelles on peut se fier; *certain*, des choses qu'on peut assurer. Exemple : Cette nouvelle est *certaine*, car elle me vient d'une source très-*sûre*. On dit, un ami *sûr*, un espion *sûr*; et non pas un ami *certain*, un espion *certain*.

Certain ne se dit que des choses, à moins qu'il ne soit question de la personne même qui a la *certitude*. Je suis *certain* de ce fait; ce fait est très-*certain* : cet historien est un témoin très-*sûr* dans les choses qu'il raconte, parce qu'il ne dit rien dont il ne soit *certain* ; mais on ne dit point, un historien *certain*, pour dire un historien qui ne dit que des choses *certaines*.

Sûr se construit avec *de* et avec *dans*. *Certain* se construit avec *de* seulement. Je suis *sûr* de ce fait. Il est *sûr* dans le commerce. Je suis *certain* de son arrivée.

En matière de sciences, *certain* se dit plutôt que *sûr*. Les propositions de géométrie sont *certaines*.

TENDRE, TENDREMENT, TENDRESSE.

Ces mots se disent également en matière de peinture, de gravure, de scuplture. Il peignoit d'une manière *tendre* : cette gravure est touchée *tendrement* : tous ces plis sont faits avec une grande *tendresse*.

Tendresse n'est d'usage qu'au figuré : la délicatesse du siècle a renfermé ces mots dans l'amour et dans l'amitié. On ne dit pas, cette viande est d'une grande *tendresse* : on dit, cette viande est fort *tendre* : il faudroit y substituer ou *tendreur* ou *tendreté* ; mais l'usage ne l'a pas voulu.

Lorsque *tendre* se dit des personnes, et qu'il n'a point de régime, il s'entend ordinairement de la compassion, et particulièrement de l'amour. Il est naturellement *tendre* pour les misères d'autrui. Il y a des personnes qui affectent d'être *tendres* et sensibles à la perte des gens qu'elles connoissoient à peine, afin qu'on soit *tendre* pour elles, et qu'on prenne part à leurs déplaisirs. Cette dame a le cœur *tendre*, une conscience *tendre* ; c'est une conscience scrupuleuse.

TENDRESSE, SENSIBILITÉ.

La *tendresse* a sa source dans le cœur ; la *sensibilité* tient aux sens et à l'imagination. La *tendresse* se borne au sentiment qui fait aimer ;

la *sensibilité* a pour objet tout ce qui peut affecter l'ame en bien ou en mal. La *tendresse* est un sentiment profond et durable ; la *sensibilité* n'est souvent qu'une impression passagère, quoique vive. La *tendresse* ne se manifeste pas toujours au-dehors ; la *sensibilité* se déclare par des signes extérieurs. La *tendresse* est concentrée dans un seul objet ; la *sensibilité* est plus générale. On peut être *sensible* aux bienfaits, aux injures, à la reconnoissance, à la compassion, aux louanges, à l'amitié même, sans avoir le cœur *tendre*, c'est-à-dire, capable d'un attachement vif et durable pour quelqu'un : au contraire, on peut avoir le cœur *tendre* sans être *sensible* à tout ce qui vient d'autre part que de ce qu'on aime ; on peut aimer *tendrement*, sans manifester à ce qu'on aime beaucoup de *sensibilité* extérieure. Mais le plus aimable de tous les hommes est celui qui est tout-à-la-fois *tendre* et *sensible* pour ce qu'il aime.

TENEMENT, TENRUE, TENUE.

Ces trois mots s'emploient en matière féodale ; mais le dernier est encore consacré dans le sens propre aux séances des états, conciles, synodes, congrès, et autres assemblées qui se tiennent ordinairement ou extraordinairement. De plus, le mot *tenue* se prend au figuré dans le discours familier pour l'état d'une chose ferme, stable et constante ; mais alors il ne s'emploie qu'avec la négative. On dit les esprits foibles n'ont point de *tenue*, pour signifier qu'ils n'ont point de fermeté, qu'ils sont changeans dans leurs opinions ou dans leurs résolutions.

TERRESTRE, TERREUX, TERRIER.

Terrestre signifie qui appartient à la terre, qui vient de la terre, qui tient de la nature de la terre. Les animaux *terrestres* ; exalaison *terrestre* ; bile sabloneuse et *terrestre*. *Terrestre* est aussi opposé à spirituel et à éternel. La plupart des hommes n'agissent que par des vues *terrestres* et mondaines. *Terreux* signifie qui est plein de terre, de crasse ; un visage *terreux*, des mains *terreuses*, des concombres *terreux*. Celui qui possède plusieurs terres étendues, est un grand *terrien*. Les Espagnols disent que leur roi est le plus grand *terrien* du monde ; que le soleil se lève et se couche dans son domaine ; mais il faut ajouter qu'en faisant sa course, il ne rencontre que des campagnes ruinées et des contrées désertes.

TIMIDITÉ, EMBARRAS.

La *timidité* est la crainte de dire ou de faire quelque chose de mal. L'*embarras* est l'incertitude de ce qu'on doit dire ou faire.

La *timidité* ne se montre pas toujours au-dehors ; l'*embarras* est toujours extérieur.

La *timidité* tient au caractère ; l'*embarras*, aux circonstances.

On peut être *timide* sans être *embarrassé*, et *embarrassé* sans être *timide*. Exemple : cette personne est naturellement *timide*, par considération et par réserve ; mais l'usage qu'elle a du monde fait qu'elle n'a jamais l'air *embarrassé* : au contraire, cette autre personne n'est point *timide*, elle dit tout ce qui lui vient à la bouche ; mais elle devient *embarrassée* quand elle a dit une sottise.

TORCHE, TISON.

Ces mots sont nobles en prose, en vers, au figuré. Hélène fut la *torche* ou le *tison* funeste qui causa l'embrâsement de Troye.

TRADUCTION, VERSION.

On entend également par ces deux mots, la copie, qui se fait dans une langue, d'un discours premièrement énoncé dans une autre ; comme d'hébreu en grec, de grec en latin, de latin en français, etc. Mais l'usage ordinaire nous indique que ces deux mots diffèrent entr'eux par quelques idées accessoires, puisque l'on emploie l'un en bien des cas où l'on ne pourroit pas se servir de l'autre. On dit, en parlant des saintes Ecritures, la *version* des Septante, la *version* vulgate ; et l'on ne diroit pas de même, la *traduction* des Septante, la *traduction*

duction vulgate : on dit au contraire que Vaugelas a fait une excellente *traduction* de Quinte-Curce, et l'on ne pourroit pas dire qu'il en a fait une excellente *version*.

M. l'abbé Girard croit que les *traductions* sont en langue moderne ; et les *versions* en langue ancienne : il n'y voit point d'autre différence. Pour moi, je crois que celle-là même est fausse ; puisque l'on trouve, par exemple, dans Cicéron, de bonnes *traductions* latines de quelques morceaux de Platon ; et que l'on fait faire aux jeunes étudians des *versions* du grec et du latin dans leur langue maternelle.

Il me semble que la *version* est plus littérale, plus attachée aux procédés propres de la langue originale, et plus asservie dans ses moyens aux vues de la construction analytique ; et que la *traduction* est plus occupée du fond des pensées, plus attentive à les présenter sous la forme qui peut leur convenir dans la langue nouvelle, et plus assujettie dans ses expressions aux tours et aux idiotismes de cette langue.

La *version* littérale trouve ses lumières dans la marche invariable de la construction analytique, qui sert à lui faire remarquer les idiotismes de la langue originale, et à lui en donner l'intelligence, en remplissant ou indiquant le remplissage des vides de l'ellipse, en supprimant ou expliquant les redondances du pléonasme, en ramenant ou rappellant à la rectitude de l'ordre naturel les écarts de la construction usuelle.

La *traduction* ajoute, aux découvertes de la *version* littérale, le tour propre du génie de la langue dans laquelle elle prétend s'expliquer : elle n'emploie les secours analytiques, que comme des moyens qui font entendre la pensée : mais elle doit la rendre, cette pensée, comme on la rendroit dans le second idiome, si on l'avoit conçue de soi-même, sans la puiser dans une langue étrangère.

La *version* ne doit être que fidèle et claire. La *traduction* doit avoir de plus de la facilité, de la convenance, de la correction, et le ton propre à la chose, conformément au génie du nouvel idiome.

L'art de la *traduction* suppose nécessairement celui de la *version:* et c'est pour cela que les premiers essais de *traductions* que l'on fait faire aux enfans dans les colléges, du grec ou du latin en français, sont très-bien nommés des *versions*.

Dans les *versions* latines, grecques, syriaques, arabes, etc., de l'Ecriture sainte, les auteurs ont tâché, par respect pour le texte sacré, de le suivre littéralement, et de mettre en quelque sorte l'hébreu même à la portée du vulgaire, sous les simples apparences du latin, du grec, du syriaque, de l'arabe, etc.; mais il n'y a point proprement de *traduction*, parce que ce n'étoit pas l'intention des auteurs de rapprocher l'hébraïsme du génie de la langue dans laquelle ils écrivoient.

Nous pourrions donc avoir, en français, *version* et *traduction* du même texte, selon la manière dont on le rendroit dans notre langue: et en voici la preuve sur le verset 19 du premier chapitre de l'Evangile selon S. Jean.

« Les Juifs lui envoyèrent de Jé-
» rusalem des prêtres et des lévites,
» afin qu'ils l'interrogeassent, Qui
» es-tu ? » Voilà la *version*, où l'hébraïsme pur se montre d'une manière évidente dans cette interrogation directe.

Adaptons le tour de notre langue à la même pensée, et disons: « Le
» Juifs lui envoyèrent de Jérusalem

» des prêtres et des lévites, pour sa-
» voir de lui qui il étoit »; et nous
aurons une *traduction*.

TRANSLATION, TRANSPORT.

Ces deux mots, qui semblent dire la même chose au propre, ont cependant un usage différent. On dit le *transport* des marchandises, de l'artillerie, etc. On dit la *translation* d'un concile, d'une fête, d'un parlement, d'un empire. Ce mot se dit aussi d'une personne qui change de lieu. L'une des religieuses voulut quitter l'Hôtel-Dieu pour aller à Port-Royal; on remue ciel et terre pour cette *translation*.

Translation ne se dit jamais en matière de commerce ou de morale; mais *transport* s'y dit élégamment. Je lui ai fait un *transport* de ma dette; *translation* ne s'emploie point au figuré ; *transport* se dit figurément en prose et en vers, du trouble et de l'agitation de l'ame. Par exemple, un *transport* de joie a causé quelquefois la mort. On n'aime que foiblement, quand les précautions sont les maîtresses des *transports*, qui tiennent plus de l'amour que de l'indifférence.

TRANSFUGE, DÉSERTEUR.

Transfuge signifie ce qu'on ne peut bien exprimer par *déserteur*, ni par fugitif. *Transfuge* est celui qui quitte son parti pour se retirer chez les ennemis.

Quoique *transfuge* soit tout-à-fait établi dans notre langue, et qu'il fignifie autre chose que *déserteur*, on ne laisse pas de se servir ordinairement de *déserteur* dans le sens de *transfuge*. Cependant quand il s'agit des traductions des auteurs classiques, il convient de se servir du mot de *transfuge*. On dit encore avec élégance, au figuré, un *tranfuge* de l'amour, pour désigner celui qui en abandonne le parti.

TRÉPAS, MORT, DÉCÈS.

Mort s'emploie au style simple et au style figuré ; *décès* et *trépas* ne s'emploient qu'au syle simple ; *trépas*, qui est noble dans le style poétique, a fait *trépassé*, qui ne s'emploie point dans le syle noble. Ce n'est pas la seule bizarrerie de notre langue.

TROC, ÉCHANGE, PERMUTATION.

Troc, selon l'abbé Girard, est dit pour les choses de service, et pour tout ce qui est meuble. Ainsi, l'on fait des *trocs* des bijoux, de cheveux, d'ustenciles. *Echange* se dit pour les terres, les personnes, tout ce qui est biens-fonds : ainsi l'on fait des *échanges* d'états, de charges, et de prisonniers. *Permutation* n'est d'usage que pour les biens et titres ecclésiastiques ; ainsi on permute une cure, un canonicat, un prieuré avec un eutre bénéfice de même, ou de différent ordre, n'importe.

TROUPE, COMPAGNIE, BANDE.

Termes synonymes en ce qu'ils marquent tous multitude de personnes ou d'animaux ; plusieurs personnes jointes pour aller ensemble, font la *troupe* ; plusieurs personnes séparées de la *troupe*, font la *bande;* plusieurs personnes que des occupations, un intérêt, un emploi réunissent, forment la *compagnie*. Il ne faut pas se séparer de sa *troupe*, pour faire *bande* à part. Il faut avoir l'esprit et prendre l'intérêt de sa *compagnie*. On dit une *troupe* de comédiens, une *bande* de violons, et la *compagnie* des Indes. On dit aussi une *bande* d'étourneaux; des loups en *troupe*; deux tourterelles de *compagnie*.

TROUVER, RENCONTRER.

Nous *trouvons* les choses inconnues en celles que nous cherchons. Nous *rencontrons* les choses qui sont à notre chemin, ou qui se présentent à nous, et que nous ne cherchons point.

Les plus infortunés *trouvent* toujours quelque ressource dans leurs disgraces. Les gens qui se lient aisément avec tout le monde, sont sujets à *rencontrer* mauvaise compagnie.

Trouver se dit dans un sens très-étendu au figuré ; il signifie quelquefois inventer. Newton a *trouvé* le calcul des fluxions : d'autrefois, il signifioit donner son jugement sur quelque chose. MM. de Port-Royal *trouvent* que Montagne est plein de vanité.

TU, VOUS.

Nous ne nous servons aujourd'hui qu'en poésie du mot *tu*, ou quelquefois dans le style soutenu, ou en faisant parler des barbares.

Plusieurs personnes trouvent que ce singulier avoit plus de grace dans la bouche des anciens, que le mot *vous*, que la politesse a introduit, et qu'ils n'ont jamais connu ; mais le meilleur est de les adopter tous les deux. Comme il y a des occasions où le mot *tu* choque réellement, il y en a d'autres où il fait un meilleur effet que le mot *vous*. C'est une richesse dans nos langues modernes, dont les anciens étoient privés ; car étant toujours forcés de se servir de ce singulier *tu*, ils ne pouvoient faire sentir ni les mœurs, ni les passions, ni les caractères ; au lieu que c'est un avantage que fournissent ce singulier et ce pluriel employés à propos avec discernement, et lorsque les occasions demandent l'un préférablement à l'autre. Voici donc le parti que prennent les bons traducteurs ; par-tout où il faut faire sentir de la fierté, de l'audace, du mépris, de la colère, ou un caractère étranger, ils emploient le mot *tu* ; dans tous les autres cas, comme quand un sujet parle à son roi, qui lui est supérieur, ils se servent du mot *vous*, pour s'accorder à notre politesse qui le demande nécessairement, et qui est toujours blessée de ce singulier *tu*, comme une familiarité trop grande.

Par exemple, dans la vie de Romulus par Plutarque, quand on mène Remus à Nimitor, Remus dit à ce prince : « Je ne *te* cacherai rien » de ce que *tu* me demandes ; car *tu* » me paroîs plus digne d'être roi, » que *ton* frère. » Ce singulier *tu* a plus de grace que le *vous*, à cause du caractère de Remus, qui a été élevé parmi des pâtres, qui est vaillant et fougueux, et qui doit témoigner de l'intrépidité et de l'audace.

Lorsque Caton dit à César : *tiens, ivrogne*, en lui rendant la lettre de sa sœur. Il n'y auroit rien de plus froid que de lui faire dire : *tenez, ivrogne*. Quand Lernidus parle à Alexandre, et qu'il lui dit : « Lors- » que *vous* aurez conquis la région » qui porte ces aromates » : *vous* est là, là, bien meilleur que *tu*. Mais quand Alexandre, après avoir conquis l'Arabie, écrit à Léonidas : « Je t'envoie une bonne provision d'encens et de myrrhe. » Je t'envoie, vaut mieux que je *vous* envoie. De même, quand le prophète de Jupiter Ammon, dit à Alexandre : « Ne *blasphême point, tu n'as point de père mortel.* » Le mot *vous* rendroit la réponse foible et languissante. C'est un prophète qui parle, et qui parle avec autorité.

Vaugelas, dans sa traduction de Quinte-Curce, a toujours observé ces différences avec beaucoup de raison et de jugement. Alexandre dit *vous* en parlant à la reine Sisigambis ; et la reine Sisigambis, dit *tu* en parlant à Alexandre, et cela est nécessaire pour conserver le caractère étranger : cette différence de *tu* à *vous* donne à la traduction de Lucien, par d'Ablancourt, une grace que l'original ne peut avoir ; car que le philosophe cynique dise *tu* à Jupiter, et que tous ceux de la même secte se *tutoyent*, cela peint leur caractère ; ce que le Grec ne peut faire. Qu'on mette de *tu* chez des cyniques, toute la gentillesse sera perdue.

TONNÈRE, FOUDRE.

Foudre diffère du *tonnère*, 1°. en ce que le premier ne se dit guère, que de la matière enflammée qui s'échappe des nues ; au lieu que le second se dit aussi de cette même matière, en tant qu'elle roule avec bruit au-dedans des nuages. Ainsi on dit : *j'ai entendu plusieurs coups de tonnère*, plutôt *que j'ai entendu plusieurs coups de foudre.* 2°. *Foudre* s'emploie souvent au figuré ; et *tonnère* toujours au propre. On dit un *foudre de guerre*, un *foudre d'éloquence*, les *foudres* de l'église.

TORT, INJURE.

Le *tort* trouble dans la possession des biens, ou de la réputation. Il attaque la propriété. L'*injure* impute des défauts, des crimes, des vices, des fautes : elle attaque la personne. L'homme juste ne fait pas de *tort*. L'ame élevée ne se permet pas l'*injure*. La grande ame pardonne le *tort*, et oppose à l'*injure* la suite de sa vie.

VACARME, TUMULTE.

Vacarme emporte par sa valeur l'idée d'un plus grand bruit, et *tumulte*, celle d'un plus grand désordre.

Une seule personne fait quelquefois du *vacarme* : mais le *tumulte* suppose toujours qu'il y a un grand nombre de gens.

Les maisons de débauche sont sujettes aux *vacarmes*. Il arrive souvent du *tumulte* dans les villes mal policées.

Vacarme ne se dit qu'au propre; *tumulte* se dit au figuré, du trouble, et de l'agitation de l'ame. On tient mal une résolution qu'on a prise dans le *tumulte* des passions.

VACILLANT, VACILLATION, VACILLER.

Termes corrélatifs, et opposés de *ferme, fixe, stable, assuré, constant* ; on les prend au simple et au figuré. On dit le *trouble* lui rendoit la voix embarrassante, et la prononciation *vacillante* ; c'est un esprit *vacillant* ; ce juge étoit *vacillant*. La *vacillation* d'un vaisseau sur les eaux ; des réponses d'un criminel. Cette machine est mal assemblée;

la plupart des pièces qui devoient être fixes, *vacillent*. Il *vacille* dans son opinion, dans ses projets et ses résolutions. L'impression la plus légère suffit pour jetter un homme incertain et *vacillant* dans le parti le plus contraire à ses intérêts; et il est rare qu'il ne trouve quelque méchant attentif à lui donner cette impression.

VAINCU, BATU, DÉFAIT.

Ces termes s'appliquent en général à une armée qui a eu du dessous dans une action. Voici les nuances qui les distinguent.

Une armée est *vaincue*, quand elle perd le champ de bataille. Elle est *batue*, quand elle le perd avec un échec considérable, c'est-à-dire, en laissant beaucoup de morts et de prisonniers. Elle est *défaite*, lorsque cet échec va au point que l'armée est dissipée, ou tellement affoiblie, qu'elle ne puisse plus tenir la campagne.

On a dit de plusieurs généraux, qu'ils avoient été *vaincus* sans avoir été *défaits*; parce que le lendemain de la perte d'une bataille, ils étoient en état d'en donner une nouvelle.

On peut aussi observer que les mots *vaincu* et *défait* ne s'appliquent qu'à des armées ou à de grands corps : ainsi on ne dit point d'un détachement, qu'il a été *défait* ou *vaincu* ; on dit qu'il a été *batu*.

VALEUR, BRAVOURE, COURAGE.

Le mot *vaillance* paroît d'abord devoir être compris dans ce parallèle : mais dans le fait, c'est un mot qui a vieilli, et que *valeur* a remplacé ; son harmonie et son nombre le fait cependant employer encore dans la poésie.

Le *courage* est dans tous les événemens de la vie ; la *bravoure* n'est qu'à la guerre ; la *valeur*, par-tout où il y a un péril à affronter, et de la gloire à acquérir.

Après avoir monté vingt fois le premier à l'assaut, le *brave* peut trembler dans une forêt battue de l'orage, fuir à la vue d'un phosphore enflammé, ou craindre les esprits ; le *courage* ne croit point à ces rêves de la superstition et de l'ignorance ; la *valeur* peut croire aux revenans, mais alors elle se bat contre le fantôme.

La *bravoure* se contente de vaincre l'obstacle qui lui est offert ; le *courage* raisonne les moyens de le détruire ; la *valeur* le cherche, et son élan le brise, s'il est possible.

La *bravoure* veut être guidée ; le

courage fait commander, et même obéir ; la *valeur* fait combattre.

Le *brave* blessé, s'énorgueillit de l'être ; le *courageux* rassemble les forces que lui laisse encore sa blessure, pour servir sa patrie ; le *valeureux* songe moins à la vie qu'il va perdre, qu'à la gloire qui lui échappe.

La *bravoure* victorieuse fait retentir l'arêne de ses cris guerriers ; le *courage* triomphant oublie son succès, pour profiter de ses avantages ; la *valeur* couronnée soupire après un nouveau combat.

Une défaite peut ébranler la *bravoure* ; le *courage* sait vaincre, et être vaincu sans être défait ; un échec désole la *valeur* sans la décourager.

L'exemple influe sur la *bravoure* ; plus d'un soldat n'est devenu *brave* qu'en prenant le nom de grenadier ; l'exemple ne rend point *valeureux*, quand on ne l'est pas ; mais les témoins doublent la *valeur* : le *courage* n'a besoin ni de témoins, ni d'exemples.

L'amour de la patrie et la santé rendent *brave* ; les réflexions, les connoissances, la philosophie, le malheur, et plus encore la voix d'une conscience pure, rendent *courageux* ; la vanité noble et l'espoir de la gloire produisent la *valeur*.

Les trois cents Lacédémoniens des Termophiles, celui même qui échappa, furent *braves* : Socrate buvant la ciguë, Régulus retournant à Carthage, Titus s'arrachant des bras de Bérénice en pleurs, ou pardonnant à Sextus, furent *courageux* : Hercule terrassant les monstres, Persée délivrant Andromède, Achille courant aux remparts de Troie sûr d'y périr, étonnèrent les siècles passés par leur *valeur*.

De nos jours, que l'on parcourre les fastes trop mal conservés, et cent fois trop peu publiés, de nos régimens; l'on trouvera de dignes rivaux des *braves* de Lacédémone : Turenne et Catinat furent *courageux ;* Condé fut *valeureux.*

Enfin l'on peut conclure que la *bravoure* est le devoir du soldat; le *courage*, la vertu du sage et du héros; la *valeur*, celle du vrai chevalier.

VALEUR, COURAGE.

Le *valeureux* peut manquer de *courage ;* le *courageux* est toujours maître d'avoir de la *valeur.*

La *valeur* sert au guerrier qui va combattre ; le *courage*, à tous les êtres qui, jouissant de l'existence, sont sujets à toutes les calamités qui l'accompagnent.

Que vous serviroit la *valeur*, amant que l'on a trahi, père éploré que le sort prive d'un fils, père plus à plaindre dont le fils n'est pas vertueux ? O fils désolé, qui allez être sans père et sans mère; ami dont l'ami craint la vérité; ô vieillards qui allez mourir; infortunés, c'est du *courage* que vous avez besoin !

Contre les passions, que peut la *valeur* sans *courage* ? Elle est leur esclave, et le *courage* est leur maître.

La *valeur* outragée se venge avec éclat, tandis que le *courage* pardonne en silence.

Près d'une maîtresse perfide, le *courage* combat l'amour, tandis que la *valeur* combat le rival.

La *valeur* brave les horreurs de la mort; le *courage*, plus grand, brave la mort et la vie.

———

VASTE, GRAND.

M. de Saint-Evremond a fait une

dissertation, pour prouver que *vaste* désigne toujours un défaut : voici comment il se trouva engagé à écrire sur ce sujet en 1667. Quelqu'un ayant dit, en louant le cardinal de Richelieu, qui avoit l'esprit *vaste*, sans y ajouter d'autre épithète, M. de Saint-Evremond soutint que cette expression n'étoit pas juste : qu'esprit *vaste* se prenoit en bonne ou en mauvaise part, selon les circonstances qui s'y trouvoient jointes ; qu'un esprit *vaste*, merveilleux, pénétrant, marquoit une capacité admirable ; et qu'au contraire, un esprit *vaste* et démesuré étoit un esprit qui se perdoit en des pensées vagues, en de vaines idées, en des desseins trop grands et peu proportionnés aux moyens qui nous peuvent faire réussir. Madame de Mazarin, la belle Hortense, prit parti contre M. de Saint-Evremond ; et après avoir long-

long-tems disputé, ils convinrent de s'en rapporter à MM. de l'Académie.

M. l'abbé de Saint-Réal se chargea de faire la consultation, et l'Académie polie décida en faveur de madame de Mazarin. M. de Saint-Evremond s'étoit déjà condamné lui-même avant que cette décision arrivât : mais quand il l'eut vue, il déclara que son désaveu n'étoit point sincère ; que c'étoit un pur effet de docilité et un assujétissement volontaire de ses sentimens à ceux de madame de Mazarin ; mais que quant à l'Académie, il ne lui devoit de la soumission que pour la vérité.

Là-dessus, il reprit non-seulement l'opinion qu'il avoit d'abord défendue ; mais il nia absolument que *vaste* seul pût jamais être une louange vraie : il soutint que le *grand* étoit une perfection dans les esprits, le *vaste* un vice; que l'étendue juste et réglée faisoit le *grand*, et que la grandeur démesurée faisoit le *vaste*; qu'enfin la signification la plus ordinaire du *vastus* des latins, c'est trop spacieux, trop étendu, démesuré.

Je crois, pour moi, qu'il avoit à-peu-près raison en tous points. Je vois du moins que *vastus homo*, dans Cicéron, est un colosse, un homme d'une taille trop grande; et dans Salluste, *vastus mimus* est un esprit immodéré, qui porte trop loin ses vues et ses espérances.

VENIMEUX, VENENEUX.

On dit l'un et l'autre; les scorpions et les vipères sont des bêtes *veneneuses* ou *venimeuses*. On tire des remèdes des serpens les plus *venimeux* ou les plus *veneneux*.

Venimeux se dit seul dans le figuré. Une langue *venimeuse* pour médisante. *Venimeux*, dans le propre, est beaucoup plus en usage que *veneneux*.

Selon l'Académie, *venimeux* ne se dit proprement que des animaux, ou des choses auxquelles ces animaux ont communiqué leur *venin*; et *veneneux* ne se dit ordinairement que des plantes. La chenille est *venimeuse*; la ciguë est *veneneuse*.

VÉRITÉ, CANDEUR, FRANCHISE, NAIVETÉ.

La *vérité* est ferme et sans déguisement; la *candeur*, douce et sans effort; la *franchise*, simple et sans art; la *naïveté*, naturelle et sans affectation.

La *candeur* est dans les personnes seulement ; la *vérité* est dans les choses et dans les personnes ; la *franchise* et la *naïveté*, dans les discours.

La *candeur* tient à l'ame ; la *naïveté*, au caractère d'esprit ; la *candeur* marque ce qu'on sent ; la *naïveté*, ce qu'on pense : la *candeur* se laisse voir ; la *naïveté* s'exprime.

La *candeur* ne marque que des vertus agréables ; la *vérité* peut en marquer de rudes et de sauvages ; la *naïveté* peut montrer des défauts, mais jamais des vices ; et c'est pour cela qu'on dit, une grossièreté *naïve*, et qu'on ne dit point, une méchanceté *naïve*.

VIBRATION, OSCILLATION.

Chez tous les physiciens, ces deux termes sont synonymes, et avec raison, puisqu'ils expriment tous deux le mouvement alternatif ou réciproque qui revient sur lui-même : mais il y a une différence, prise de la différence des causes qui produisent ce mouvement.

Je conçois donc plus particulièrement par *vibration*, tout mouvement alternatif ou réciproque sur lui-même, dont la cause réside uniquement dans l'élasticité : tels sont les mouvemens des cordes *vibrantes*, et des parties internes de tout corps sonore en général : tels sont aussi les balanciers des montres, qui font leurs *vibrations* en vertu de l'élasticité des ressorts spiraux qu'on leur applique.

J'entends au contraire par *oscillation*, tout mouvement alternatif ou réciproque sur lui-même, dont la cause réside uniquement dans la pesanteur ou gravitation : tels sont les mouvemens des ondes, et tous ceux des corps suspendus, d'où dérive la théorie des pendules.

Le mouvement de *vibration* mesure les sons : celui d'*oscillation* mesure les tems. Les cloches, par exemple, font des *vibrations* et des *oscillations* : les primières dérivent du corps qui frappe, et comprime la cloche en vertu de son élasticité, ce qui la rend ovale alternativement, et produit les sons ; les sons, les secondes sont déterminées par le mouvement total de la cloche qui est en proie à la gravitation, ce qui détermine les intervalles de tems entre les sons. Reste à voir si le son d'une cloche n'est pas d'autant plus étendu, que les tems des *oscillations* sont plus près de coincider avec les tems des *vibrations*.

VICE, DÉFAUT, IMPERFECTION.

Ces trois mots désignent en général une qualité répréhensible ; avec cette différence que *vice* marque une mauvaise qualité morale, qui procède de la dépravation ou de la bassesse du cœur ; que *défaut* marque une mauvaise qualité de l'esprit ou une mauvaise qualité purement extérieure ; et qu'*imperfection* est le diminutif de *défaut*.

La négligence dans le maintien est une *imperfection* ; la difformité et la timidité sont des *défauts* ; la cruauté et la lâcheté sont des *vices*.

Ces termes diffèrent aussi par les différens mots auxquels on les joint, sur-tout dans le sens physique ou figuré. Exemples : souvent une guérison reste dans son état d'*imperfection*, lorsqu'on n'a pas corrigé le *vice* des humeurs ou le *défaut* de fluidité du sang. Le commerce d'un Etat s'affoiblit par le défaut d'industrie, et par l'*imperfection* des manufactures, par le *vice* de la constitution.

VIEUX, ANCIEN, ANTIQUE.

Ces termes enchérissent tous les uns sur les autres. Une mode est *vieille* quand elle cesse d'être en usage; elle est *ancienne* quand il y a long-tems que l'usage en est passé; elle est *antique* quand il y a long-tems qu'elle est *ancienne*. Récent est opposé à *vieux*, nouveau à *ancien*, moderne à *antique*. La *vieillesse* convient à l'homme; l'*ancienneté*, à la famille; l'*antiquité*, aux monumens. La *vieillesse* est décrépite; l'*ancienneté*, immémoriale, et l'*antiquité*, reculée. La *vieillesse* diminue les forces du corps, et augmente la présence d'esprit : l'*ancienneté* ôte l'agrément aux étoffes, et donne de l'autorité aux titres : l'*antiquité* affoiblit les témoignages, et donne du prix aux monumens.

Notre langue a des usages particuliers qui nous apprennent à ne pas confondre, en parlant où en écrivant, *vieux* avec *ancien*. On ne dit pas, il est mon *ancien*, pour dire précisément qu'il est plus âgé que moi. *Ancien* a rapport au tems et au siècle. C'est pourquoi on dit, Aristode est plus *ancien* que Cicéron ; et au contraire, on dit que Cicéron étoit plus *vieux* que Virgile, parce qu'il avoit plus d'âge, et qu'il vivoit dans le même siècle. Nous disons une maison *ancienne*, quand on parle d'une famille ; une *vieille* maison, quand on parle d'un bâtiment. On dit presqu'également d'*anciennes* histoires, et de *vieilles* histoires ; d'*anciens* manuscrits, ou de *vieux* manuscrits ; mais on ne dit pas de même de *vieux* livres ou d'*anciens* livres. De *vieux* livres, sont des livres usés et gâtés par le tems; et d'*anciens* livres, sont des livres faits par des auteurs de l'*antiquité*.

La *vieillesse* diminue les forces du corps, et augmente les lumières de l'esprit. L'*ancienneté* fait perdre aux modes leurs agrémens, et donne de l'éclat à la noblesse. L'*antiquité*, faisant périr les preuves de l'histoire, en affoiblit la vérité, et fait valoir les monumens qui se conservent.

VIOL, VIOLEMENT, VIOLATION.

On se sert fort bien du premier en terme de palais, pour exprimer le crime que l'on commet en violant une femme ou une fille, et *violement* ne vaudroit rien en ce sens-là: mais *violement* se prend pour l'infraction d'une loi, et est toujours suivi d'un génitif; il a été accusé de *viol*; il a été condamné pour un *viol*. On ne diroit pas, il a été accusé de *violement*; il a été condamné pour un *violement*; mais on dit : le *violement* des lois; le *violement* d'une alliance. *Violation* se dit plutôt que *violement* des choses sacrées. On dit la *violation* des asyles, des églises, des sépultures, d'une coutume religieuse, et du droit des gens, en la personne d'un ambassadeur.

VISION, APPARITION.

La *vision* se passe dans les sens intérieurs, et ne suppose que l'action de l'imagination. L'*apparition* frappe de plus les sens extérieurs, et suppose un objet au-dehors.

Saint Joseph fut averti par une *vision* de fuir en Egypte avec sa famille. La Magdeleine fut instruite de la résurrection du Sauveur par une *apparition*.

Les cerveaux échaufés et vides de nourritures croient souvent avoir des *visions*. Les esprits timides et crédules prennent quelquefois pour des *apparitions* ce qui n'est rien, ou qui n'est qu'un jeu.

Vision et *visions* se disent beaucoup dans le figuré : l'un et l'autre se prennent d'ordinaire en mauvaise part, quand on n'ajoute point d'épithète qui les rectifie. Par exemple, pour condamner le dessein de quelqu'un, on dit : quelle *vision !* Nous disons d'un homme qui se met des chimères dans l'esprit ; il a des *visions*. Gardez-vous bien, dit Racine, de croire vos lettres aussi bonnes que les lettres provinciales ; ce seroit une étrange *vision* que celle-là. *Vision* s'applique aux ouvrages d'esprit. Peut-on préférer les poëtes espagnols aux italiens, et prendre les *visions* d'un certain Lopes de Veger, pour de raisonnables compositions ?

positions ? Quand on donne une épithète à *vision*, elle se prend en bien ou en mal, selon la nature de l'épithète qu'on lui donne. Elle a des *visions* agréables ; c'est-à-dire, elle imagine de plaisantes choses ; elle a de sottes *visions* ; c'est-à-dire, elle imagine des choses ridicules et extravagantes.

VIVACITÉ, PROMPTITUDE.

La *vivacité* tient beaucoup de la sensibilité et de l'esprit : les moindres choses piquent un homme *vif* ; il sent d'abord ce qu'on lui dit ; et réfléchit moins qu'un autre dans ses réponses. La *promptitude* tient davantage de l'humeur et de l'action : un homme *prompt* est plus sujet aux emportemens qu'un autre ; il a la main légère, et il est expéditif au travail.

L'indolence est l'opposé de la *vivacité*; et la lenteur l'est de la *promptitude*.

VUE, BUT, DESSEIN.

Termes relatifs à la conduite d'un être, ou pensant, ou considéré comme pensant. Le *but* se dit d'un objet fixe et déterminé, auquel les actions de l'être pensant sont dirigées. Les *vues* sont plus vagues et embrassent un plus grand nombre d'objets. Le *dessein* est proprement ce mouvement de l'ame pour lequel on se determine à tenter ou à ne pas tenter une chose. Le *dessein* et les *vues* sont en nous; le *but* est hors de nous. Le *dessein* offre une idée de résolution qui n'est pas si marqué dans les *vues*; on se propose un *but*; on a des *vues*; on forme un *dessein*.

SUPPLÉMENT.

ADRESSE, SOUPLESSE, FINESSE, RUSE, ARTIFICE.

Adresse, art de conduire ses entreprises, de manière à réussir. *Souplesse*, disposition à s'accommoder aux conjectures. *Finesse*, façon d'agir secrète et cachée. *Ruse*, voie oblique d'aller à ses fins. *Artifice*, moyen injuste, recherché, et plein de combinaison d'exécuter un dessein. Les trois premiers se prennent souvent en bonne part; les deux autres, toujours en mauvaise. L'*adresse* emploie les moyens; la *souplesse* évite les obstacles; la *finesse* s'insinue imperceptiblement; la *ruse* trompe; l'*artifice* surprend;

le négociateur est *adroit*; le courtisan, *souple*; l'espion, *rusé*; le flatteur et le fourbe, *artificieux*: maniez les affaires difficiles avec *adresse*; usez de *souplesse* avec les grands; soyez *fin* à la cour; ne soyez *rusé* qu'en guerre; laissez l'*artifice* aux méchans.

C'EST POURQUOI, AINSI.

Termes relatifs à la liaison d'un jugement de l'esprit, avec un autre jugement. *C'est pourquoi*, dit l'abbé Girard, renferme, dans sa signification particulière, un rapport de cause et d'effet; et *ainsi* ne renferme qu'un rapport de prémisses et de conséquences. Les femmes sont changeantes, *c'est pourquoi* les hommes deviennent inconstans. Nous leur donnons la liberté; *ainsi* nous paroissons les estimer plus que les orientaux qui les enferment. *C'est pourquoi* se rendroit par *cela, est la raison pour laquelle*, et *ainsi* par cela étant. La dernière de ces expressions n'indique qu'une condition. L'exemple suivant où elles pourroient être employées toutes deux, en fera sentir la différence. Je puis dire: nous avons quelqu'affaire à la campagne ; *ainsi*, nous partirons demain, s'il fait beau : ou *c'est pourquoi* nous partirons demain, s'il fait beau. Dans cet exemple, *ainsi* se rapporte à *s'il fait beau*, qui n'est que la condition du voyage ; et *c'est pourquoi* se rapporte à *nous avons quelqu'affaire*, qui est la cause du voyage.

―――――

CONVENTION, CONSENTEMENT, ACCORD.

Le second de ces mots désigne la cause ; et le principe du premier et troisième, en désigne l'effet. *Exemple*. Ces deux particuliers, d'un mutuel *consentement*, ont fait ensemble une *convention*, au moyen de laquelle ils sont d'*accord*.

CORRECTION, EXACTITUDE.

La *correction* tombe sur les mots et les phrases ; l'*exactitude*, sur les faits et les choses.

L'auteur qui a écrit le plus *correctement*, traduit mot-à-mot de sa langue dans une autre, pourroit y être très-*incorrect* ; ce qui est écrit *exactement* dans une langue, rendu fidèlement, est *exact* dans toutes les langues : la *correction* naît des règles, qui sont de convention, et variables d'une langue à l'autre, même d'un tems à l'autre dans la même langue ; l'*exactitude* naît de la vérité, qui est une et absolue.

COSMOGONIE, COSMOGRAPHIE, COSMOLOGIE.

La *cosmogonie* est la science de la formation de l'univers. La *cosmographie* est la science qui enseigne la construction, la figure, la disposition, et le rapport de toutes les parties qui composent l'univers. La *cosmologie* est proprement une physique générale et raisonnée, qui, sans entrer dans les détails trop circonstanciés des faits, examine du côté métaphysique les résultats de ces faits mêmes, fait voir l'analogie et l'union qu'ils ont entre eux, et tâche par-là de découvrir une partie des lois générales par lesquelles l'univers est gouverné.

La *cosmogonie* raisonne sur l'état variable du monde dans le tems de sa formation; la *cosmographie* expose dans toutes ses parties et ses relations l'état actuel de l'univers tout formé ; et la *cosmologie* raisonne sur cet état actuel et permanent. La première est conjecturale ; la seconde, purement historique ; et la troisième, expérimentale.

De quelque manière qu'on imagine la formation du monde, on ne doit jamais s'écarter de deux grands principes : 1°. celui de la création, car il est clair que la matière ne pouvant se donner l'existence à elle-même, il faut qu'elle l'ait reçue : 2°. celui d'une intelligence suprême, qui a présidé non-seulement à la création, mais encore à l'arrangement des parties de la matière en vertu duquel ce monde s'est formé. Ces deux principes une fois posés, on peut donner carrière aux conjectures philosophiques, avec cette attention pourtant de ne point s'écarter dans le système de *cosmogonie* qu'on suivra, de celui que la Genèse nous indique, que Dieu a suivi dans la formation des différentes parties du monde.

La *cosmographie*, dans sa définition générale, embrasse, comme l'on voit, tout ce qui est de l'objet de la physique. Cependant on a restreint ce mot dans l'usage à désigner la partie de la physique qui s'occupe du système général du monde. En ce sens, la *cosmographie* a deux parties : l'astronomie, qui fait connoître la structure des cieux et la disposition des astres ; et la géographie, qui a pour objet la description de la terre.

La *cosmologie* est la science du monde ou de l'univers considéré en général, en tant qu'il est un être composé, et pourtant simple par l'union et l'harmonie de ses parties ; un tout qui est gouverné par une intelligence suprême, et dont les ressorts sont combinés, mis en jeu, et modifiés par cette intelligence. L'utilité principale que nous devons retirer de la *cosmologie*, c'est de nous élever, par les lois générales de la nature, à la connoissance de son auteur, dont la sagesse a établi ces lois, nous en a laissé voir ce qu'il nous étoit nécessaire d'en connoître pour notre utilité, ou pour notre amusement, et nous a caché le reste pour nous apprendre à douter.

DISSIMULER, CACHER, DÉGUISER.

On *cache*, par un profond secret, ce qu'on ne veut pas manifester. On *dissimule*, par une conduite réservée, ce qu'on ne veut pas faire appercevoir. On *déguise*, par des apparences contraires, ce qu'on veut dérober à la pénétration d'autrui. L'homme *caché* veille sur lui-même, pour ne point se trahir par indiscrétion. Le *dissimulé* veille sur les autres, pour ne les pas mettre à portée de le connoître. Le *déguisé* se montre autre qu'il n'est pour donner le change.

ÉLARGISSEMENT, ÉLARGISSURE.

Augmentation de largeur. On dit l'*élargissement* d'une maison, l'*élargissement* des rues ; mais *élargissure* n'est usité qu'en parlant des meubles et des vêtemens : l'*élargissure* d'un rideau, d'un juste-au-corps.

ÉLEVER, EXHAUSSER.

Le premier s'emploie au propre et au figuré. *Élever* une muraille ; *élever* son esprit. Le second ne se dit qu'au propre. *Exhausser* un plancher, un bâtiment ; mais, par une bizarerie de notre langue, *relever* et *rehausser* se disent tous deux, au propre et au figuré. On *relève* une chose tombée : on *rehausse* une chose qui est trop basse ; on *relève* le mérite ; on *rehausse* le courage.

EMBRASSADE, EMBRASSEMENT.

Je penserois que l'*embrassade* est l'action vive des bras qu'on jette au cou de quelqu'un, en démonstration d'amitié. Ce mot va plus à l'empressement extérieur, qu'au sentiment de l'ame, et désigne plutôt l'action brusque des bras, que la cordialité. *Embrassement* signifie l'action d'*embrasser*, de quelque cause qu'elle parte. Ainsi, l'on dit également de saints *embrassemens*, et des *embrassemens* mal-honnêtes, de tendres et de foux embrassemens.

FÉCOND,

FÉCOND, FERTILE.

Fécond est le synonyme de *fertile*, quand il s'agit de la culture des terres : on peut dire également, un terrein *fécond* et *fertile*, *fertiliser* et *féconder* un champ. La maxime, qu'il n'y a point de synonymes, veut dire seulement qu'on ne peut se servir des mêmes mots dans toutes les occasions. Ainsi une femelle, de quelqu'espèce qu'elle soit, n'est point *fertile*; elle est *féconde*. On *féconde* des œufs, on ne les *fertilise* pas. La nature n'est pas *fertile*, elle est *féconde*.

Ces deux expressions sont quelquefois également employées au figuré et au propre. Un esprit est *fertile* ou *fécond* en grandes idées.

Cependant les nuances sont si délicates, qu'on dit, un orateur *fécond*, et non pas un orateur *fertile*; *fécondité* et non *fertilité* de paroles.

Cette méthode, ce principe, ce sujet, est d'une grande *fécondité*, et non pas d'une grande *fertilité*. La raison en est qu'un principe, un sujet, une méthode produisent des idées qui naissent les unes des autres, comme des êtres successivement enfantés, ce qui a rapport à la génération. *Bienheureux Scudéry, dont la fertile plume :* le mot *fertile* est là bien placé, parce que cette plume s'exerçoit, se répandoit sur toutes sortes de sujets. Le mot *fécond* convient plus au génie, qu'à la plume. Il y a des tems *féconds* en *crimes*, et non pas *fertiles* en crimes. L'usage enseigne toutes ces petites différences.

VOLTAIRE.

FÉLICITÉ, BONHEUR.

Félicité est l'état permanent, du moins pour quelque tems, d'une ame contente, et cet état est bien rare.

Le *bonheur* veut du dehors, c'est ordinairement une *bonne heure*. Un *bonheur* vient ; on a un *bonheur* : mais on ne peut pas dire, il m'est venu une *félicité*. Et quand on dit, *cet homme jouit d'une félicité présente*, *une* alors n'est pas prise numériquement, et signifie seulement qu'on voit que sa *félicité* est parfaite. On peut avoir un *bonheur*, sans être heureux. Un homme a eu le *bonheur* d'échapper à un piège, et n'en est quelquefois que plus malheureux : On ne peut pas dire de lui qu'il a éprouvé la *félicité*. Il y a encore de la différence entre un *bonheur* et le *bonheur* ; différence que le mot *félicité* n'admet point. Un *bonheur* est un événement heureux. Le *bonheur* pris indéfiniment, signifie une suite de ces événemens. Le plaisir est un sentiment agréable et passager. Le *bonheur*, considéré comme sentiment, est une suite de plaisirs ; la

prospérité, une suite d'heureux événemens ; la *félicité*, une jouissance
intime de sa prospérité. L'auteur des
Synonymes dit *que le bonheur est
pour les riches ; la félicité pour les
sages ; la béatitude pour les pauvres
d'esprit* : mais le *bonheur* paroît
plutôt le partage des riches, qu'il
ne l'est en effet ; et la *félicité* est
un état dont on parle plus qu'on ne
l'éprouve.

Cet article est de VOLTAIRE.

GALANTERIE, COQUETTERIE.

La *coquetterie* est toujours un
honteux déréglement de l'esprit. La
galanterie est d'ordinaire un vice de
complexion.

Une femme *galante* veut qu'on
l'aime, et qu'on réponde à ses desirs;
il suffit à une *coquette* d'être trouvée
aimable, et de passer pour belle. La

première va successivement d'un engagement à un autre ; la seconde, sans vouloir s'engager, cherchant sans cesse à vous séduire, a plusieurs amusemens à la fois : ce qui domine dans l'une, est la passion, le plaisir, ou l'intérêt ; et dans l'autre, c'est la vanité, la légèreté, la fausseté.

Les femmes ne travaillent guère à cacher leur *coquetterie* ; elles sont plus réservées pour leurs *galanteries*, parce qu'il semble au vulgaire que la *galanterie* dans une femme ajoute à la *coquetterie* : mais il est certain qu'un homme *coquet* a quelque chose de pis qu'un homme *galant*.

La *coquetterie* est un travail perpétuel de l'art de plaire, pour tromper ensuite ; et la *galanterie* est un perpétuel mensonge de l'amour.

Fondée sur le tempérament, la *galanterie* s'occupe moins du cœur que des sens ; au lieu que la *coquet-*

terie, ne connoît point les sens, ne cherche que l'occupation d'une intrigue par un tissu de faussetés. Conséquemment c'est un vice des plus méprisables dans une femme, et des plus indignes d'un homme.

GALANTERIE, AMOUR.

La *galanterie* est l'enfant du desir de plaire, sans un attachement fixe qui ait sa source dans le cœur. L'*amour* est le charme d'aimer, et d'être aimé.

La *galanterie* est d'usage de certains plaisirs, qu'on cherche par intervalle, qu'on varie par dégoût et par inconstance. Dans l'*amour* la continuité du sentiment en augmente la volupté, et souvent son plaisir s'éteint dans les plaisirs mêmes.

La *galanterie*, devant son origine

au tempéramment et à la complexion, finit seulement quand l'âge vient en tarir la source. L'*amour* brise en tout tems ses chaînes par l'effort d'une raison puissante, par le caprice d'un dépit soutenu, ou bien encore par l'abscence ; alors il s'évanouit, comme on voit le feu matériel s'éteindre.

La *galanterie* entraîne vers toutes les personnes qui ont de la beauté, ou de l'agrément, nous unit à celles qui répondent à nos desirs, et nous laisse du goût pour les autres. L'*amour* livre notre cœur sans réserve à une seule personne, qui le remplit tout entier, ensorte qu'il ne nous reste que de l'indifférence pour toutes les autres beautés de l'univers.

La *galanterie* est jointe à l'idée de conquête, par faux honneur ou par vanité. L'*amour* consiste dans le sentiment tendre, délicat, et respectueux : sentiment qu'il faut mettre au rang des vertus.

La *galanterie* n'est pas difficile à démêler; elle ne laisse entrevoir, dans toutes sortes de caractères, qu'un goût fondé sur les sens. L'*amour* se diversifie, selon les différentes ames sur lesquelles il agit : il règne avec fureur dans Médée, au lieu qu'il allume, dans les naturels doux, un feu semblable à celui de l'encens qui brûle sur l'autel.

Ovide tient les propos de la *galanterie*, et Tibulle soupire l'*amour*.

Quand Despréaux a voulu railler Quinault, en le qualifiant de doux et de tendre, il n'a fait que donner à cet aimable poëte une louange qui lui est légitimement acquise : ce n'est point là qu'il devoit attaquer Quinault; mais il pouvoit lui reprocher qu'il se montroit fréquemment plus *galant* que tendre, que passionné, qu'*amoureux*; et qu'il confondoit à tort ces deux choses dans ses écrits.

L'amour est souvent le frein du vice, et s'allie d'ordinaire avec les vertus. La *galanterie* est un vice; car c'est le libertinage de l'esprit, de l'imagination, et des sens : c'est pourquoi, suivant la remarque de l'auteur de l'esprit des lois, les bons législateurs ont toujours banni le commerce de *galanterie* que produit l'oisiveté, et qui est cause que les femmes, corrompent avant même que d'être corrompues, qui donne un prix à tous les riens, rabaisse ce qui est important, et fait que l'on ne se conduit que sur les maximes du ridicule que les femmes entendent si bien à établir.

On a prétendu que la *galanterie* étoit le léger, le délicat, le perpétuel mensonge de l'*amour;* mais peut-être l'*amour* ne dure-t-il que par les secours que la *galanterie* lui prête : ne seroit-ce pas, parce qu'elle n'a pas lieu entre les époux, que l'*amour* cesse ?

L'*amour* malheureux exclut la *galanterie* : les idées qu'elle inspire demandent de la liberté d'esprit ; et c'est le bonheur qui la donne.

Les hommes véritablement *galans* sont devenus rares : ils semblent avoir été remplacés par une espèce d'hommes avantageux, qui, ne mettant que de l'affectation dans ce qu'ils font, parce qu'ils n'ont point de graces, et que du jargon dans ce qu'ils disent, parce qu'ils n'ont point d'esprit, ont substitué l'ennui de la fadeur au charme de la *galanterie*.

JOLI, BEAU.

Notre langue a plusieurs traités estimés sur le *beau* ; tandis que l'idole à laquelle nos voisins nous accusent de sacrifier sans cesse, n'a point encore trouvé de panégyristes parmi nous : la plus *jolie* nation du monde n'a presque rien dit encore sur le *joli*.

Si le *beau*, qui nous frappe et nous transporte, est un des plus grands effets de la nature, le *joli* n'est-il pas un de ses plus doux bienfaits ?

La vue de ces astres qui répandent sur nous, par un cours et des règles immuables, leur brillante et féconde lumière ; la voûte immense à laquelle ils paroissent suspendus, le spectacle sublime des mers, les grands phénomènes, ne portent à l'ame que des idées majestueuses : c'est l'effet naturel du *beau*. Mais qui peut peindre le secret et le doux intérêt qu'inspire le riant aspect d'un tapis émaillé par le souffle de Flore et la main du Printems ? Que ne dit point aux cœurs sensibles ce bocage simple et sans art; que le ramage de mille amans aîlés, que la fraîcheur de l'ombre et de l'onde agitée des ruisseaux savent rendre si touchant? Tel est le charmes des graces; tel est celui du *joli*, qui leur doit toujours sa naissance : nous lui cédons par un penchant dont la douceur nous séduit.

Il faut être de bonne-foi. Notre goût pour le *joli* suppose un peu moins parmi nous de ces ames élevées, et tournées aux grandes prétentions de l'héroïsme, qui fixent perpétuellement leurs regards sur le *beau*, que ces ames naturelles, délicates et faciles, à qui la société doit tous ses attraits.

Peut-être les raisons du climat et du gouvernement sont-elles les véritables causes de nos avantages sur les autres nations par rapport au *joli* : cet empire du Nord, enlevé de

notre

notre tems à son ancienne barbarie par les soins et le génie du plus grand de ses rois, pourroit-il arracher de nos mains, et la couronne des Grâces, et la ceinture de Vénus? Le physique y mettroit trop d'obstacles. Cependant il peut naître dans cet empire quelque homme inspiré fortement, qui nous dispute un jour la palme du génie, parce que le sublime et le *beau* sont plus indépendans des causes locales.

C'est à l'ame que le *beau* s'adresse; c'est aux sens que parle le *joli* : et s'il est vrai que le plus grand nombre se laisse un peu conduire par eux, c'est de-là qu'on verra des regards attachés avec ivresse sur les grâces de Trianon, et froidement surpris des beautés courageuses du Louvre.

Le *joli* a son empire séparé de celui du *beau* : celui-ci étonne, éblouit, persuade, entraîne; celui-là séduit, amuse et se borne à plaire.

Ils n'ont qu'une règle commune, c'est celle du vrai. Si le *joli* s'en écarte, il se détruit, et devient maniéré, petit, ou grotesque : nos arts, nos usages, et nos modes sont aujourd'hui pleins de sa fausse image.

INIQUE, INJUSTE.

On dit un juge *inique*, et un homme *injuste*, d'où il semble que l'acceptation d'*injuste* est plus étendue que celle d'*inique*.

FIN.

TABLE.

A

Abdiquer, *voyez* se démettre, page 119.
Abominable, 1.
Abondamment, *voyez* copieusement, 97.
Absolution, 3.
Absorber, 4.
Abbaisser, *voyez* baisser, 38.
Académicien, 5.
Académiste, *voyez* académicien, *ibid.*
A couvert, *voyez* couvert, 100.
Action, *voyez* bataille, 40.
Accident, *voyez* aventure, 33.
Accord, *voyez* convention, 377.
Accusateur, *voyez* Dénonciateur, 122.
Admettre, *voyez* recevoir, 295.
Adresse, 375.
Adorer, 5.
Adoucir, *voyez* mitiger, 257.
Affable, 8.
Affabilité, *voyez* politesse, 283.
Affectation, 9.

Affectueux, *voyez* affectif,	page 10.
Affectif,	ibid.
Affeterie, *voyez* affectation,	9.
Affirmer, *voyez* assurer,	25.
Affliction,	11.
Affliction, *voyez* douleur,	130
Affligé,	12.
Affranchir, *voyez* délivrer,	116.
Affront, *voyez* outrage,	267.
Agréable, *voyez* gracieux,	211.
Agrément, *voyez* consentement,	84.
Aiguiser, *voyez* amenuisier,	17.
Aggrandir, *voyez* augmenter,	35.
Aimable, *voyez* sociable,	326.
Ainsi, *voyez* c'est pourquoi,	376.
Air,	12.
A l'abri, *voyez* couvert,	100.
Alarme,	13.
Alarmé, *voyez* effrayé,	152.
Altercation, *voyez* contestation,	90.
Allegir, *voyez* amenuisier,	17.
Amant,	ibid.
Amant, *voyez* amoureux,	19.
Ambassadeur, *voyez* député,	124.
Ame foible,	192.
Amener, *voyez* mener,	254.
Amenuisier,	17.
Amour, *voyez* galanterie,	390.

(401)

Amoureux,	page 19.
Amoureux, *voyez* amant,	17.
Amusement, *voyez* récréation,	297.
Amuser,	19.
Ancien, *voyez* vieux,	368.
Animal, *voyez* bête,	46.
Antipathie, *voyez* haine,	215.
Antique, *voyez* vieux,	368.
Appas,	22.
Apparence,	21.
Apparition, *voyez* vision,	371.
Apparitions,	22.
Appetit, *voyez* faim,	168.
Appointemens, *voyez* gage,	199.
Appointemens, *voyez* honoraire,	220.
Apporter, *voyez* Porter,	285.
Appréhention, *voyez* alarme,	13.
Apprendre, *voyez* étudier,	164.
Appui,	24.
Artifice, *voyez* adresse,	375.
Astuce, *voyez* Finesse,	183.
Assuré,	26.
Assurer,	25.
Attache, *voyez* attachement,	27.
Attachement,	*ibid.*
Attacher,	*ibid.*
Attelier, *voyez* magazin,	235.
Attention,	28.

Attention, *voyez* égard,	page 154.
Attenuer,	29.
Attrais, *voyez* appas,	22.
Audace,	30.
Audacieux, *voyez* effronté,	153.
Augmenter,	35.
Augmenter,	36.
Austere, *voyez* sévère,	317.
Auteur, *voyez* écrivain,	145.
Autorité,	31.
Autorité, *voyez* empire,	160.
Avanie, *voyez* outrage,	267.
Avantage,	30.
Avantageux, *voyez* glorieux,	202.
Aventure,	33.
Aversion, *voyez* haine,	215.
Avertissement, *voyez* avis,	36.
Avertissement, *voyez* conseil,	82.
Avis,	36.
Avis,	37.
Avis, *voyez* conseil,	82.
Avoir, *voyez* posséder,	288.
Avoir des foiblesses, *voyez* être foible,	189.

B.

Baisser,	38.
Bande,	39.
Bande, *voyez* troupe,	344.

Barre, *voyez* bande,	page 39.
Bataille,	40.
Battre, *voyez* frapper,	197.
Battu, *voyez* vaincu,	353.
Béatitude,	41.
Beau,	42.
Beau, *voyez* joli,	394.
Beaucoup, *voyez* copieusement,	97.
Beaucoup, *voyez* plusieurs,	287.
Bénéfice,	44.
Besoin,	45.
Bête,	46.
Bien, *voyez* copieusement,	97.
Bien, *voyez* fort,	194.
Bien (homme de)	48.
Bienfait, *voyez* office,	263.
Biffer, *voyez* effacer,	146.
Bigarrure,	49.
Bizarre,	50.
Bon goût, *voyez* bon sens,	315.
Bonheur,	51.
Bonheur,	52.
Bonheur, *voyez* béatitude,	41.
Bonheur, *voyez* félicité,	386.
Bonheur, *voyez* plaisir,	280.
Bonheur, *voyez* prospérité,	291.
Bon sens,	315.
Bornes,	53.

Bourgeois,	page 54.
Bourru, *voyez* bizarre,	50.
Bout,	55.
Boutique, *voyez* magazin,	235.
Bravoure.	56.
Bravoure, *voyez* valeur,	354.
Bref, *voyez* court,	99.
Brillant,	57.
Broyer, *voyez* atténuer,	29.
Brute, *voyez* bête,	46.
But, *voyez* vue,	374.

C.

Cacher,	58.
Cacher, *voyez* dissimuler,	382.
Candeur,	60.
Candeur, *voyez* vérité,	363.
Capable, *voyez* habile,	213.
Caprice, *voyez* humeur,	221.
Capricieux, *voyez* bizarre,	50.
Célèbre,	60.
Censure, *voyez* critique,	102.
Cependant,	62.
Certain, *voyez* assuré,	26.
Certain, *voyez* sûr,	329.
Certitude,	64.
C'est pourquoi,	376.
Cesser,	65.

Chagrin, *voyez* affliction,	page 11.
Chagrin, *voyez* douleur,	130.
Chair,	65.
Change,	67.
Change, *voyez* bonheur,	51.
Changeante, *voyez* légère,	235.
Changement,	68.
Chanteur,	72.
Chantier, *voyez* magazin,	235.
Chantre, *voyez* chanteur,	72.
Charge,	70.
Charge, *voyez* office,	262.
Charme,	71.
Charme, *voyez* appas,	22.
Chasteté,	73.
Chemin,	74.
Choisir,	76.
Circonspection, *voyez* égard,	154.
Circonspection, *voyez* retenue,	310.
Circonstance,	78.
Citoyen, *voyez* bourgeois,	54.
Civil, *voyez* affable,	8.
Civilité, *voyez* politesse,	283.
Clairté, *voyez* éclat,	142.
Clairvoyant, *voyez* éclairé,	140.
Clameur, *voyez* cri,	101.
Clistère,	79.
Colère,	80.

Combat, *voyez* bataille,	page 40.
Compagnie, *voyez* troupe,	344.
Commettre,	80.
Concis, *voyez* Laconique,	233.
Conclusion, *voyez* conséquence,	85.
Confier, *voyez* fier,	177.
Confirmer, *voyez* assurer,	25.
Conformité,	81.
Conjecture, *voyez* circonstance,	78.
Conjuration, *voyez* conspiration,	87.
Conscience, *voyez* pensée,	270.
Conseil,	82.
Conseil, *voyez* avis,	36.
Consentement,	84.
Consentement, *voyez* convention,	377.
Conséquence,	85.
Considérable,	*ibid.*
Considération,	86.
Considération, *voyez* réputation,	307.
Considération, *voyez* retenue,	310.
Consommer, *voyez* consumer,	88.
Conspiration,	87.
Constance, *voyez* fermeté,	174.
Constance, *voyez* fidélité,	175.
Constant,	88.
Consumer,	*ibid.*
Conte,	89.
Conte, *voyez* fable	168.

(407)

Contenance, *voyez* maintien,	237.
Content,	90.
Contentement, *voyez* content,	*ibid.*
Contentement, *voyez* satisfaction,	313.
Contestation,	90.
Contigu,	91.
Continence, *voyez* chasteté,	73.
Continuation,	92.
Contraindre,	*ibid.*
Contraire,	93.
Contravention,	94.
Contrefaire, *voyez* imiter,	224.
Convention,	377.
Conversation,	94.
Conviction,	96.
Conviction, *voyez* persuasion,	274.
Connexion,	81.
Connexité, *voyez* connexion,	*ibid.*
Copier, *voyez* imiter,	224.
Copieusement,	97.
Coquetterie, *voyez* galanterie,	388.
Correction,	378.
Cosmologie, *voyez* cosmogonie,	379.
Cosmogonie,	*ibid.*
Cosmographie, *voyez* cosmogonie,	*ibid.*
Couler, *voyez* rouler,	312.
Courage, *voyez* bravoure,	56.
Courage, *voyez* valeur,	354.

Courage, *voyez* valeur,	358.
Courber, *voyez* plier,	page 282.
Court,	99.
Courroux, *voyez* colère,	80.
Coutume,	99.
Coutume,	100.
Couvert,	ibid.
Cœur, *voyez* bravoure,	56.
Cœur foible, *voyez* ame foible,	192.
Crainte, *voyez* alarme,	13.
Crapule, *voyez* débauche,	105.
Cri,	101.
Cri plaintif, *voyez* soupir,	321.
Crime,	101.
Crime, *voyez* forfait,	193.
Critique,	102.
Croître, *voyez* augmenter,	36.
Croyance, *voyez* foi,	188.

D.

D'ailleurs,	102.
Dam,	103.
Danger,	ibid.
Dans,	105.
Davantage, *voyez* plus,	282.
Debat, *voyez* contestation,	90.
Débauche,	105.
Débris,	106.

Décadence,

Décadence,	page 107.
Déceler,	107.
Décence,	108.
Décès, *voyez* trépas,	343.
Décider,	108.
Décombres, *voyez* débris,	103.
Découverte,	109.
Découvrir,	110.
Découvrir, *voyez* déceler,	107.
Défait, *voyez* vaincu,	353.
Défaite,	112.
Défaut, *voyez* vice,	367.
Défendre,	112.
Défendre, *voyez* justifier,	231.
Défendu,	113.
Déférence, *voyez* considération,	86.
Défiance, *voyez* méfiance,	243.
Défier (se) *voyez* méfier (se)	244.
Dégoûtant, *voyez* fastidieux,	171.
Degré, *voyez* escalier,	163.
Déguisement,	114.
Déguiser, *voyez* cacher,	58.
Déguiser, *voyez* dissimuler,	382.
Dehors, *voyez* apparence,	21.
Delateur, *voyez* dénonciateur,	122.
Délicat,	115.
Délicatesse, *voyez* finesse,	178.
Délicatesse, *voyez* finesse,	180.

Délié, *voyez* délicat,	page 115.
Délit, *voyez* crime,	101.
Délivrer,	116.
Demande,	117.
Demanteler,	118.
Démettre (se)	119.
Demeure, *voyez* habitation,	214.
Démolir, *voyez* démenteler,	118.
Démonstration,	119.
Démontrer,	121.
Dénonciateur,	122.
De plus, *voyez* d'ailleurs,	102.
Dépriser, *voyez* mépriser,	255.
Député,	124.
Déroute, *voyez* défaite,	112.
Déserteur, *voyez* transfuge,	342.
Déshonnête,	124.
Desir,	125.
Desir, *voyez* souhait,	319.
Désobéissance, *voyez* contravention,	94.
Désolation, *voyez* douleur,	130.
Dessein, *voyez* vue,	374.
Détestable, *voyez* abominable,	1.
Développer, *voyez* éclaircir,	139.
Dévouement, *voyez* attachement,	27.
Diction, *voyez* élocution,	156.
Dictionnaire,	126.
Différence,	128.

Différence, *voyez* bigarrure,	page 49.
Difforme, *voyez* laid,	234.
Dignité, *voyez* décence,	108.
Disciple, *voyez* élève,	155.
Discontinuer, *voyez* cesser,	65.
Disette, *voyez* besoin,	45.
Disparité, *voyez* différence,	128.
Dispute, *voyez* contestation,	90.
Dissimuler,	382.
Dissimuler, *voyez* cacher,	58.
Diversité, *voyez* bigarrure,	49.
Divertir, *voyez* amuser,	19.
Divertissement, *voyez* récréation,	297.
Docte,	128.
Domicile, *voyez* habitation,	214.
Dommage, *voyez* dam,	103.
Don,	129.
Douleur,	130.
Douteux,	132.
Dur, *voyez* sévère,	317.
Durée,	133.

E.

Ebauche,	133.
Ebulition,	135.
Ecarter,	136.
Ecarter,	137.
Echange, *voyez* change,	67.

Echange, *voyez* troc, page 343.
Echanger, 138.
Echappé, 138.
Echapper (s') *voyez* évader (s') 167.
Eclaircir, 139.
Eclairé, 140.
Eclat, 142.
Eclat, *voyez* brillant, 57.
Eclipser, 142.
Ecolier, *voyez* élève, 155.
Ecriteau, 143.
Ecrivain, 145.
Effacer, 146.
Effectivement, 148.
Effectuer, 150.
Effervescence, *voyez* ébulition, 135.
Effigie, 149.
Effrayant, 151.
Effrayé, 152.
Effroi, *voyez* alarme, 13.
Effronté, 153.
Effronterie, *voyez* audace, 30.
Effroyable, *voyez* effrayant, 151.
Egards, 154.
Egards, *voyez* considération, 86.
Egards, *voyez* retenue, 310.
Elargissement, 383.
Elargissure, *voyez* élargissement, ibid.

Élève,	page 155.
Élever,	383.
Élire, *voyez* choisir,	76.
Élocution,	156.
Éloge,	157.
Éloigner, *voyez* écarter,	136.
Éloigner, *voyez* écarter,	137.
Embarras, *voyez* timidité,	335.
Embrassade,	384.
Embrassement, *voyez* embrassade,	ibid.
Émolument, *voyez* bénéfice,	44.
Empire,	160.
Emportement, *voyez* colère,	80.
Emporter,	160.
Emporter, *voyez* porter,	285.
Emmener, *voyez* mener,	254.
En, *voyez* dans,	105.
Enchaînement,	161.
Enchaînure, *voyez* enchaînement,	ibid.
Enchantement, *voyez* charmes,	71.
Endroit,	161.
En effet, *voyez* effectivement,	148.
Énergie,	159
Enfuir (s') *voyez* évader (s')	167.
Engloutir, *voyez* absorber,	4.
Entêtement, *voyez* fermeté,	173.
Entretien, *voyez* conversation,	94.
Envie,	166.

Envoyé, *voyez* député,	page 124.
Epargne, *voyez* ménage,	253.
Epigraphe, *voyez* écriteau,	143.
Epouvantable, *voyez* effrayant,	151.
Epouvante, *voyez* alarme,	13.
Epouvanté, *voyez* effrayé,	152.
Epreuve,	162.
Escalier,	163.
Esprit foible, *voyez* ame foible,	192.
Esquisse, *voyez* ébauche,	133.
Essai, *voyez* épreuve,	162.
Et entendre la raillerie, *voyez* entendre,	294.
Etre foible,	189.
Etudier,	164.
Evader (s'),	167.
Evénement, *voyez* aventure,	33.
Evidence, *voyez* certitude,	64.
Exactitude, *voyez* attention,	28.
Exactitude, *voyez* correction,	378.
Exécrables, *voyez* abominable,	1.
Exécuter, *voyez* effectuer,	159.
Exhausser, *voyez* élever,	383.
Existence,	165.
Expérience, *voyez* épreuve,	162.
Expliquer, *voyez* éclaircir,	139.
Extérieur, *voyez* apparence,	21.
Extrémité, *voyez* bout,	55.

F.

Fable,	168.
Fable, *voyez* conte,	89.
Fâché, *voyez* affligé,	12.
Façons, *voyez* manières,	242.
Faction,	168.
Faim,	170.
Faire, *voyez* commettre,	80.
Faire choix, *voyez* choisir,	76.
Faire un plan, *voyez* plan,	281.
Faire voir (se), *voyez* paroître,	268.
Faix, *voyez* charge,	70.
Fameux, *voyez* célèbre,	60.
Fantaisie, *voyez* humeur,	221.
Fantasque, *voyez* bizarre,	50.
Fardeau, *voyez* charge,	70.
Fastidieux,	171.
Fat, *voyez* sot,	323.
Faute, *voyez* crime,	101.
Faute, *voyez* forfait,	193.
Fécond,	385.
Félicité,	386.
Félicité, *voyez* béatitude,	41.
Félicité, *voyez* plaisir,	280.
Félicité, *voyez* prospérité,	291.
Ferme, *voyez* constant,	88.
Fermentation, *voyez* ébulition,	135.

Fermeté,	page 173
Fermeté,	174.
Fertile, *voyez* fécond,	385.
Fidélité,	175.
Fier,	177.
Fier, *voyez* glorieux,	202.
Fierté, *voyez* orgueil,	265.
Figure, *voyez* effigie,	149.
Fin, *voyez* bout,	55.
Finesse,	178.
Finesse,	180.
Finesse,	183.
Finesse, *voyez* adresse,	375.
Finir, *voyez* cesser,	65.
Fleuve,	185.
Foi,	188.
Foible,	ibid.
Foible, *voyez* fragile,	196.
Foiblesse, *voyez* foible,	188.
Force, *voyez* énergie,	159.
Forcer, *voyez* contraindre,	92.
Forfait,	193.
Forfait, *voyez* crime,	101.
Fort,	194.
Foudre, *voyez* tonnerre,	350.
Franchise, *voyez* vérité,	363.
Fragile,	196.
Fragile, *voyez* Frêle,	198.

Frapper, 197.
Frayeur, *voyez* alarme, 13.
Frayeur, *voyez* peur, 277.
Fréle, 198.

G.

Gages, 199.
Gages, *voyez* honoraire, 220.
Gai, 200.
Gaiété, *voyez* joie, 228.
Gaillard, *voyez* gai, 200.
Gain, *voyez* bénéfice, 44.
Galanterie, 388.
Galanterie, 390.
Gémissement, *voyez* soupir, 321.
Génie, 205.
Génie, *voyez* goût, 203.
Gent, 201.
Gentil, *voyez* gent, *ibid.*
Gentillesse, *voyez* gent, *ibid.*
Glisser, *voyez* rouler, 312.
Glorieux, 202.
Glossaire, *voyez* dictionnaire, 126.
Goût, 203.
Goût, *voyez* génie, 205.
Gracieux, 211.
Gracieux, *voyez* affable, 8.
Grand, *voyez* considérable, 85.

Grand, *voyez* vaste,	359.
Grand homme, *voyez* héros,	217.
Gratitude,	211.
Grave,	212.
Gravité, *voyez* décence,	108.
Gravité, *voyez* pesanteur,	276.

H.

Habille,	213.
Habitant, *voyez* bourgeois,	54.
Habitation,	214.
Habitude, *voyez* coutume,	100.
Haine,	215.
Hardi, *voyez* effronté ;	153.
Hardiesse, *voyez* audace,	30.
Haut, *voyez* hautain,	216.
Hautain,	ibid.
Hauteur, *voyez* orgueil,	265.
Héros,	217.
Homme de bon sens, *v.* homme de sens,	314.
Homme d'honneur, *v.* homme de bien,	48.
Homme de sens,	314.
Honnête, *voyez* affable,	8.
Honnête homme, *v.* homme de bien,	48.
Honoraire,	220.
Honoraires, *voyez* gages,	199.
Honorer, *voyez* adorer,	5.
Humeur,	221.

I.

Idée, *voyez* pensée,	270.
Illustration, *voyez* illustre	222.
Illustre,	ibid.
Illustre, *voyez* célèbre,	60.
Illustrer, *voyez* illustre,	222.
Image, *voyez* effigie,	149.
Imiter,	224.
Imperfection, *voyez* vice,	367.
Impertinent, *voyez* sot,	323.
Incertain, *voyez* douteux,	132.
Inclination,	224.
Incongru,	225.
Incongruité, *voyez* incongru,	ibid.
Inconstante, *voyez* légère,	235.
Indifférence,	225.
Indigence, *voyez* besoin,	45.
Inébranlable, *voyez* constant,	88.
Inégalité, *voyez* différence,	128.
Infect,	227.
Infecter, *voyez* infect,	ibid.
Inflexible, *voyez* constant,	88.
Ingénuité, *voyez* candeur,	60.
Inique,	399.
Injure, *voyez* tort,	351.
Injuste, *voyez* inique,	399.
Inscription, *voyez* écriteau,	143.

Insensibilité, *voyez* indifférence, 225.
Insulte, *voyez* outrage, 267.
Intrépidité, *voyez* bravoure, 56.
Invention, *voyez* découverte, 109.
Irrésolu, *voyez* douteux, 132.

J.

Jalousie, *voyez* envie, 166.
Joie, 228.
Joli, *voyez* beau, 42.
Joli, *voyez* Gent, 201.
Jolie, 394.
Jonction, 229.
Journalier, *voyez* quotidien, 293.
Juger, *voyez* décider, 108.
Jurement, *voyez* serment, 316.
Justifier, 231.

L.

Lâcheté, 232.
Laconique, 233.
Laid, 234.
Lamentation, *ibid.*
Lavement, *voyez* clistère, 79.
Légère, 235.
Lever, *voyez* plan, 281.
Lier, *voyez* attacher, 27.
Lieu, *voyez* endroit, 161.
Limites,

Limites, *voyez* bornes, page 53.
Lisière, *voyez* bande, 39.
Louange, *voyez* éloge, 157.
Lourd, *voyez* pesant, 275.
Lucre *voyez* bénéfice, 44.
Lueur, *voyez* éclat, 142.
Lustre, *voyez* brillant, 57.

M.

Magazin, 235.
Maintien, 237.
Maison, *voyez* habitation, 214.
Malheureux, 239.
Malhonnête, *voyez* déshonnête, 124.
Malice, 240.
Malignité, *voyez* malice, *ibid.*
Maltraiter, 242.
Manières, *ibid.*
Manière, *voyez* air, 12.
Manifester, *voyez* déceler, 107.
Manifester (se) *voyez* paroître, 268.
Méchanceté, *voyez* malice, 240.
Méfiance, 243.
Méfier (se) 244.
Mémoire, 249.
Ménage, 253.
Ménagement, *voyez* ménage, *ibid.*

Ménagemens, *voyez* égards, page 154.
Ménagement, *voyez* retenue, 310.
Mener ; 254.
Mépriser, 255.
Mettre à l'écart, *voyez* écarter, 137.
Misérable, *voyez* malheureux, 239.
Mitiger, 257.
Modestie, *voyez* simplicité. 318.
Modifiable, *voyez* modification, 259.
Modificatif, *voyez* modification, *ibid.*
Modification, *ibid.*
Modifier, *voyez* modification, *ibid.*
Montées, *voyez* escalier, 163.
Montrer (se) *voyez* paroître, 268.
Moquerie, 258.
Mort, *voyez* trépas, 343.

N.

Naïveté, *voyez* candeur, 60.
Naïveté, *voyez* vérité, 363.
Néanmoins, *voyez* cependant, 62.
Nécessité, *voyez* besoin, 45.
Notion, *voyez* pensée, 270.

O.

Obliger, *voyez* contraindre, 92.
Obscurcir, *voyez* éclipser, 142.

Obstination, *voyez* opiniâtreté, page	264.
Office,	262.
Office,	263.
Offense,	261.
Offensé, *voyez* offense,	ibid.
Offenser, *voyez* offense,	ibid.
Offenseur, *voyez* offense,	ibid.
Opération de l'esprit, *voyez* pensée,	270.
Opiniâtreté,	264.
Opiniâtreté, *voyez* fermeté,	173.
Opinion, *voyez* avis,	37.
Opter, *voyez* choisir,	76.
Opposé, *voyez* contraire,	93.
Orgueil,	265.
Orgueilleux, *voyez* glorieux,	202.
Oscillation, *voyez* vibration,	364.
Outrage,	267.
Outre cela, *voyez* d'ailleurs,	102.

P.

Pardon, *voyez* absolution,	3.
Paroître,	268.
Parti, *voyez* faction,	168.
Pas,	269.
Pauvreté, *voyez* besoin,	45.
Péché, *voyez* crime,	101.
Peine, *voyez* affliction,	11.

Penchant, *voyez* inclination, page	224.
Pénétration, *voyez* finesse,	180.
Pensée,	270.
Perception, *voyez* pensée,	270.
Perfidie, *voyez* finesse,	183.
Péril, *voyez* danger,	103.
Permission, *voyez* consentement,	84.
Permutation, *voyez* change,	67.
Permutation, *voyez* troc,	343.
Permuter, *voyez* échanger,	138.
Persuasion,	274.
Persuasion, *voyez* conviction,	96.
Perte, *voyez* dam,	103.
Pesant,	275.
Pesanteur,	276.
Peur,	277.
Peur, *voyez* alarme,	13.
Plainte, *voyez* Lamentation,	234.
Plaisanterie, *voyez* moquerie,	258.
Plaisir,	280.
Plan,	281.
Plier,	282.
Plus,	*ibid.*
Plusieurs,	287.
Poids, *voyez* charge,	70.
Poids, *voyez* pesanteur,	276.
Point, *voyez* pas,	269.
Poli, *voyez* affable,	8.

Politesse,	page 283.
Poltronerie, *voyez* lâcheté,	232.
Porter,	285.
Portrait, *voyez* effigie,	149.
Posséder,	288.
Pourtant, *voyez* cependant,	62.
Pouvoir, *voyez* autorité,	31.
Pouvoir, *voyez* empire,	160.
Préférer, *voyez* choisir,	76.
Présent, *voyez* don,	129.
Prêt à, *voyez* prêt de,	290.
Prêt de,	*ibid.*
Proche, *voyez* contigu,	91.
Profit, *voyez* avantage,	30.
Profit, *voyez* bénéfice,	44.
Prohibé, *voyez* défendu,	113.
Promptitude, *voyez* vivacité,	373.
Prospérité,	291.
Prospérité, *voyez* bonheur,	52.
Protéger, *voyez* défendre,	112.
Prouver, *voyez* démontrer,	121.
Puissance, *voyez* autorité,	31.
Puissance, *voyez* empire,	160.
Pulvériser, *voyez* atténuer,	29.

Q.

Question, *voyez* demande,	117.

Quinteux, *voyez* bizarre, page 50.
Quotidien, 293.

R.

Raillerie (entendre),	294.
Ramener, *voyez* mener,	254.
Raser, *voyez* démanteler,	118.
Raturer, *voyez* effacer,	146.
Rayer, *voyez* effacer,	ibid.
Recevoir,	295.
Récréation,	297.
Réjouissance, *voyez* récréation,	ibid.
Remède, *voyez* clystère,	79.
Remener, *voyez* mener,	254.
Reminiscence, *voyez* mémoire,	249.
Rémission, *voyez* absolution,	3.
Remporter, *voyez* emporter,	160.
Remmener, *voyez* mener,	254.
Rencontrer, *voyez* trouver,	345.
Renommé, *voyez* célèbre,	60.
Reconnoissance, *voyez* gratitude,	211.
Répartie,	300.
Repartie, *voyez* réponse,	306.
Replique, *voyez* réponse,	300.
Réponse,	ibid.
Réponse,	306.
Répugnance, *voyez* haine,	215.

Réputation,	page 307.
Respect, *voyez* considération,	86.
Ressemblance, *voyez* conformité,	81.
Ressouvenir, *voyez* mémoire,	249.
Retenue,	310.
Révéler, *voyez* déceler,	107.
Révérer, *voyez* adorer,	5.
Risque, *voyez* danger,	103.
Rivière, *voyez* fleuve,	185.
Roman, *voyez* conte,	89.
Rouler,	312.
Route, *voyez* chemin,	74.
Ruine, *voyez* décadence,	107.
Ruines, *voyez* débris,	106.
Ruse, *voyez* adresse,	375.
Ruse, *voyez* finesse,	183.

S.

Sagacité, *voyez* finesse,	180.
Sagesse,	316.
Sanglot, *voyez* soupir,	321.
Satisfaction,	313.
Satisfaction, *voyez* content,	90.
Satisfait, *voyez* content,	*ibid.*
Savant, *voyez* docte,	128.
Savoir, *voyez* génie,	205.
Séjour, *voyez* habitation,	214.

Sensation, *voyez* pensée,	page 270.
Sensibilité, *voyez* tendresse,	331.
Sentiment, *voyez* avis,	37.
Séparer, *voyez* écarter,	136.
Sérieux, *voyez* grave,	212.
Serment,	316.
Service, *voyez* office,	263.
Sévère,	317.
Simplicité,	318.
S'instruire, *voyez* étudier,	164.
Sociable,	326.
Somme,	318.
Sommeil, *voyez* somme,	*ibid.*
Sort, *voyez* charmes,	71.
Sot,	323.
Souhait,	319.
Souhait, *voyez* desir,	125.
Souiller,	327.
Soupir,	321.
Souplesse, *voyez* adresse,	375.
Soutien, *voyez* appui,	24.
Soutenir, *voyez* défendre,	112.
Souvenir, *voyez* mémoire,	249.
Splendeur, *voyez* éclat,	142.
Style, *voyez* élocution,	156.
Subsistance,	328.
Subsistance, *voyez* existance,	165.
Substance, *voyez* subsistance,	328.

Succint, *voyez* court, page 99.
Suite, *voyez* continuation, 92.
Support, *voyez* appui, 24.
Sur, 329.
Sûr, *voyez* assuré, 26.

T.

Tacher, *voyez* souiller, 327.
Témoignage d'amitié, *v.* démonstration, 119.
Temps, *voyez* durée, 133.
Tendre, 330.
Tendrement, *voyez* tendre, *ibid.*
Tendresse, 331.
Tendresse, *voyez* tendre, 330.
Tenement, 333.
Tenure, *voyez* tenement, *ibid.*
Tenue, *voyez* tenement, *ibid.*
Termes, *voyez* bornes, 53.
Terrestre, 334.
Terreur, *voyez* alarme, 13.
Terreur, *voyez* peur, 277.
Terreux, *voyez* terrestre, 334.
Terrible, *voyez* effrayant, 151.
Terrier, *voyez* terrestre, 334.
Timidité, 335.
Tison, *voyez* torche, 336.
Tonnerre, 350.

Torche,	page 336.
Tort,	351.
Toutefois, *voyez* cependant,	62.
Traduction,	336.
Traiter mal, *voyez* maltraiter,	242.
Transporter, *voyez* porter,	285.
Transfuge,	342.
Translation,	341.
Transport, *voyez* translation,	*ibid.*
Travestissement, *voyez* déguisement,	114.
Trépas,	343.
Très, *voyez* fort,	194.
Tristesse, *voyez* douleur,	130.
Troc,	343.
Troc, *voyez* change,	67.
Troquer, *voyez* échanger,	138.
Troupe,	344.
Trouver,	345.
Trouver, *voyez* découvrir,	110.
Tu,	346.
Tumulte, *voyez* vacarme,	351.

U.

Union, *voyez* jonction,	229.
Usage, *voyez* coutume,	99.
Utilité, *voyez* avantage,	30.

V.

Vacarme,	page 351.
Vacillant,	352.
Vacillation, *voyez* vacillant,	ibid.
Vaciller, *voyez* vacillant,	ibid.
Vaincu,	353.
Valeur,	354.
Valeur,	358.
Valeur, *voyez* bravoure,	56.
Vanité. *voyez* orgueil,	265.
Variation, *voyez* changement,	68.
Variété, *voyez* bigarrure,	49.
Variété, *voyez* changement,	68.
Vaste,	359.
Veneneux, *voyez* venimeux,	362.
Venimeux,	ibid.
Vérité,	363.
Version, *voyez* traduction,	336.
Vertu, *voyez* sagesse,	316.
Viande, *voyez* chair,	65.
Vibration,	364.
Vice,	367.
Vieux,	368.
Viligance, *voyez* attention,	28.
Viol,	370.
Violation, *voyez* viol,	ibid.

(432)

Violement, *voyez* viol,	page 370.
Vision,	371.
Visions, *voyez* apparitions,	22.
Vivacité,	373.
Vocabulaire, *voyez* dictionnaire ;	126.
Voie, *voyez* chemin ;	74.
Volage, *voyez* légère,	235.
Volupté, *voyez* débauche,	105.
Vous, *voyez* tu,	346.
Vue,	374.

Fin de la Table.

ERRATA.

Orfait, page 193, *lizez* forfait.

Tenrue, page 333, *lizez* tenure,

www.ingramcontent.com/pod-product-compliance
Lightning Source LLC
Chambersburg PA
CBHW070541230426
43665CB00014B/1775